Aux origines de la révolution russe

Du même auteur

Une dame de l'ombre à la cour de Russie : Anna Vyroubova, Éditions François-Xavier de Guibert, 2005.

Serge de Radonège : au miroir de l'âme russe, Éditions François-Xavier de Guibert, 2013.

François-Xavier de Guibert
10, rue Mercœur - 75011 Paris
9, espace Méditerranée - 66000 Perpignan

www.artege.fr

ISBN : 978-2-75540-579-8

Louis BEROUD

Aux origines de la révolution russe

La condition paysanne

FRANÇOIS-XAVIER DE GUIBERT

À Françoise

À Nathalie, Guillemette
et Anne-Sophie

L'heure sonnera, noire pour la Russie,
Où tombera la couronne des tsars.
La populace oubliera l'amour qu'elle leur portait
Et beaucoup n'auront pour pitance que le sang et la mort.

Mikhaïl Lermontov, 1830

AVANT-PROPOS

Il y a, dans l'histoire de chaque pays, quelques dates connues de tous. Le 19 février 1861 est l'une d'elles pour la Russie. Ce jour-là, Alexandre II, moins dc six ans aprcs son accession au trône, signe le *Manifeste de libération des paysans*, réalisant ainsi, selon l'historien et juriste conservateur Boris Tchitcherine, « l'œuvre la plus grandiose de l'histoire russe[1] ». Quatre ans durant, l'empereur fait preuve d'une belle obstination, en venant à bout de la réforme de la condition paysanne engagée sous le règne de son père.

En abolissant le servage, Alexandre II accorde à la paysannerie tous les droits civiques. Il lui ouvre les portes des tribunaux, des institutions provinciales, des écoles et des universités. La construction des chemins de fer, l'essor de l'industrie, annoncent l'avénement de l'ère capitaliste. Phénomène tout nouveau pour la Russie, une classe bourgeoise voit le jour. De l'avis des contemporains, l'acte d'émancipation des serfs assure au jeune tsar l'immortalité. Dorénavant il ne sera désigné autrement que comme le « Tsar libérateur ».

À partir de 1861, l'État russe est profondément transformé. Il ne se place plus comme jadis au-dessus d'un peuple servile, mais au cœur d'un peuple qui s'éveille. Pour imposer ses réformes, il a le besoin pressant d'une opinion qui le soutienne. Hélas, cette opinion se dérobe. Dès lors se noue

1. *Vospominanija Borisa Nikolaevica Cicerina*, Université de Moscou, 1929.

un drame qui emportera les réformes du « Tsar libérateur ». Ce drame sera alimenté par une effervescence sans précédent de la vie intellectuelle en Russie.

Aux heures radieuses où l'empereur proclame l'abolition du servage, comment imaginer que les rapports entre gouvernants et gouvernés resteraient figés, que l'on ne songerait même pas à les harmoniser ? Comment supposer que ces profonds changements aboutiraient au meurtre du libérateur des serfs et laisseraient la Russie désenchantée, abandonnée au bord de sa route, incertaine du lendemain ? À observer l'amère désillusion enfouie dans les cœurs et suscitée par l'irréalisme et l'inadaptation des réformes, ne soyons étonnés de rien, ni de la somnolence de la société, ni de la hardiesse des combattants du pouvoir, ni des atermoiements des hommes de gouvernement.

On comprend qu'après la révolution d'Octobre les jugements sur le « Tsar libérateur » se soient durcis. Les dirigeants soviétiques, qui restent attachés au glorieux passé de la Russie, n'éprouvent que peu d'estime pour Alexandre II et son œuvre. Plus grave, dans leurs écrits consacrés au centenaire du *Manifeste* du 19 février 1861, les historiens soumettent la réforme de l'empereur à une impitoyable critique. Selon eux, cette réforme aurait été conçue sous l'emprise de la peur. La classe des seigneurs aurait exercé sur sa rédaction une influence pernicieuse. En définitive, l'émancipation n'aurait apporté aux serfs que peu, trop peu.

Les historiens soviétiques jugent les réformes d'Alexandre II à l'aune du présent révolutionnaire qu'ils vivent. Du règne de l'empereur, l'Union soviétique est l'héritière. C'est à travers cette filiation et ses composantes que nous souhaitons tracer le sens de cette histoire. On ne peut prétendre, en effet, à la compréhension des valeurs d'une société si l'on ne se réfère aux hommes et aux forces qui composent cette chaîne dont l'origine est l'abolition du servage et dont le dernier maillon sera la révolution d'Octobre.

Les années qui suivent la promulgation du rescrit impérial sont des années d'ivresse, la première ivresse révolutionnaire. Seul un homme d'une autorité hors du commun, un autre Pierre le Grand, pourrait être capable d'en dompter les courants violents. Mais le débonnaire Alexandre n'y peut parvenir. Et si, après l'assassinat de l'empereur, s'abat sur la Russie un silence de mort, il faut en chercher la raison dans la réalité objective de l'environnement historique. Les réactions qui se propagent dans la société russe sont aussi naturelles que le mouvement des vagues à la surface des océans.

Comme nous l'observerons au long de notre parcours, l'émancipation des serfs est loin de procurer au gouvernement et au pays les résultats qu'ils en attendent. Dans tous les espaces de la vie publique, l'optimisme né de la réforme se délite, suscitant découragement, accablement, scepticisme. À considérer le mal-être du peuple, l'agitation des esprits et le désarroi des hommes de pouvoir, on en retire l'impression que l'abolition du servage ne sert que la conscience révolutionnaire. Face à la fermentation de la jeunesse, face à la torpeur des classes populaires, face aux tergiversations d'un pouvoir déconcerté, sans programme, sans ambition, sans idéal, la Russie débarrassée du servage semble plus vulnérable qu'aux derniers jours du règne de Nicolas Ier, à l'épreuve des défaites humiliantes en Crimée.

Pour éclairer notre traversée de ce temps, il nous semble nécessaire d'évoquer les raisons d'une évolution tragique. Deux se signalent, opposées et d'une égale force de persuasion. Et d'abord l'origine du drame qui couve ne serait-elle pas dans la rapidité et la juxtaposition des réformes ? Quand on s'en prend aux mœurs et aux coutumes d'un pays, on se risque à brouiller les esprits, à générer des désordres dont les débordements peuvent devenir incontrôlables. Depuis le début du XIXe siècle, la société russe est en butte à des directions contraires. Avide de progrès, l'opinion est engouée de tout mais n'est satisfaite de rien. Au lieu de permettre aux réformes de s'acclimater, on ne cesse d'innover sans souci de cohérence. Dans un contexte d'inquiétude et de désenchantement, le choc social de l'émancipation, avec son cortège d'ambitions compromises et de positions fragilisées, explique les avancées de l'esprit révolutionnaire auprès d'une jeunesse prétentieuse, trop sûre d'elle. La Russie ne comprend pas que la première condition du succès d'une réforme est le temps.

Ce point de vue conservateur est combattu par le camp de l'*intelligentsia* qui prétend que les réformes, si nombreuses soient-elles, restent timides, mal conçues et mal appliquées. Loin d'avoir trop entrepris, on n'a pas entrepris assez ; loin de verser dans le trop-plein, on n'a pas pris la mesure du nécessaire.

Les réformes se soudent les unes aux autres, s'épaulent mutuellement. Elles ne sauraient s'épanouir dans un espace confiné. Elles forment une chaîne dont chaque anneau assure la pérennité de l'ensemble. Mais en Russie, la chaîne se disloque sous l'effet des incompatibilités. Certes, on a voulu innover mais on a trop conservé de l'ancien temps, on a trop rapiécé de vêtements en loques pour donner l'illusion du neuf, on a trop répandu de raisins dans de vieilles cuves rongées par la corrosion.

À ces deux raisons de la déception engendrée par le *Manifeste* impérial s'en ajoute une autre, plus déterminante : le manque de logique, l'absence de corrélation entre ces réformes, empilées les unes sur les autres, dénigrées par les agents de l'État qui ont mission de les appliquer. Point de concordance des lois nouvelles entre elles et de ces lois avec les vieilles coutumes, avec les restes vacillants des anciennes institutions.

Dans son *Empire des Tsars et les Russes*, Anatole Leroy-Beaulieu compare la Russie des réformes à « une ancienne maison reconstruite à neuf dans quelques-unes de ses parties, conservée presque intacte dans les autres, et cela sans que l'architecte ait pris soin de raccorder les diverses pièces, avec des différences de niveau à chaque étage, avec des salles basses et obscures faisant suite à des chambres hautes et bien éclairées. Comment s'étonner que, parmi les habitants, les uns regrettent ce qui a été détruit, tandis que les plus jeunes prétendent tout jeter bas pour tout refaire à neuf[2] ? »

Cette absence de convenance entre les institutions et les pratiques de gouvernement explique à elle seule la montée de l'esprit révolutionnaire, suscitée par la propagation du radicalisme et des thèses subversives. Mais il y a une autre pierre d'achoppement tout aussi préjudiciable : non seulement la Russie ne se reconnaît pas dans ses projections du futur, mais elle est en désaccord avec l'Europe moderne. Veut-elle barrer la route de la révolution ? Peut-être. Mais il faudrait qu'elle soit en paix avec elle-même et en harmonie avec le monde extérieur. Or, il n'en est rien.

Les Russes ne croient pas aux révolutions qu'ils assimilent aux souffrances du vieil âge. Se croyant jeunes, ils s'estiment à l'abri des maladies affectant la fin de vie. À leurs yeux, la révolution est le produit des luttes de classes. Comment donc l'esprit révolutionnaire pourrait-il s'introduire dans un pays

2. *L'Empire des Tsars et les Russes*, Anatole Leroy-Beaulieu, réédition Robert Laffont, 1991.

qui, grâce à la commune paysanne, ne connaît ni prolétariat ni antagonisme de classes ? C'est que l'appétit de subversion se manifeste en Russie autrement qu'en Occident.

Les privations, les duretés de la vie éprouvent une population pauvre, souvent résignée. Elles ne sont pourtant pas la raison principale de la montée des idées révolutionnaires. Ce qui favorise le développement du radicalisme, c'est la pesanteur morale, la privation de libertés intellectuelles, bridées par les autorités politiques. Cette sorte de carême spirituel appauvrissant les esprits, démoralisant les tempéraments, fragilisant les équilibres psychiques prédispose les Russes aux emportements colériques, aux états dépressifs et aux goûts morbides.

Les plus coriaces adversaires du régime tsariste ne se trouvent pas dans les masses laborieuses des villes et des campagnes, dans les populations les plus déshéritées. Ils sont issus des minorités cultivées que l'on désigne sous le nom d'*intelligentsia*. C'est en son sein que se recrutent les plus zélés adversaires de l'autocratie. Depuis la défaite des conjurés décembristes en 1825, des progrès sont réalisés, des abus contenus. Mais écoutons Tocqueville observant l'ancienne France : « C'est au moment où les abus s'estompent qu'ils deviennent les plus contraignants. »

À l'annonce de l'émancipation des serfs, les esprits s'échauffent. La petite noblesse, la jeune bourgeoisie, les enfants de prêtres, de fonctionnaires et d'officiers sont une proie toute désignée pour les agitateurs, habiles à exploiter les injustices du système.

Observons-le d'emblée : la réforme incomprise de la condition paysanne véhicule les germes de l'idéologie révolutionnaire. Au Pays des Merveilles, Alice se désolait que la mémoire ne s'intéresse qu'au passé. L'Histoire, elle, se complaît parfois à nous remémorer le futur.

I
LA CONDITION PAYSANNE À L'AVÈNEMENT D'ALEXANDRE II

Un lourd héritage

L'empereur Nicolas Ier est pourvu d'une santé robuste. Et pourtant, il meurt d'une grippe le 19 février 1855. Il règne si durement depuis trente ans, et sa mort est à ce point inattendue, qu'aussitôt la rumeur se répand : le tsar a été empoisonné. Non, il n'a pas été empoisonné mais beaucoup s'interrogent sur sa disparition. Professeur libéral à l'université de Moscou, publiciste et censeur, fils de serf, Alexandre Nikitenko note dans son journal :

> « Le souverain s'est éteint ! Cette nouvelle m'a surtout stupéfié par son caractère inattendu. J'avais toujours cru, et je n'étais pas le seul, que l'empereur Nicolas nous survivrait à nous, à nos enfants, voire à nos petits-enfants. Et voici que cette guerre funeste l'a tué[3]. »

À la veille de sa mort, l'empereur est confronté à une épreuve qu'il a lui-même suscitée. Ayant imprudemment déclaré la guerre à la Turquie, il voit se dresser contre lui une puissante coalition européenne. Une armée franco-

---

3. A. V. Nikitenko, *Dnevnik v trex tomax*, Moscou, 1955.

anglaise débarque en Crimée, inflige à l'armée russe de lourdes pertes et assiège la forteresse de Sébastopol dont la résistance tient longtemps du miracle.

Tout laisse à penser en effet que la douloureuse guerre de Crimée terrasse Nicolas Ier. Durant son long règne, son armée, qui symbolise à ses yeux la puissance de la Russie, est victorieuse sur les champs de bataille. Et voilà que les revers s'accumulent. Mourant, l'empereur confie à son fils Alexandre : « Je te cède mon commandement, pas dans l'état, hélas, où je l'eusse souhaité, je te laisse bien des soucis et ennuis. »

En apprenant le décès de l'empereur, le peuple russe est transporté de joie. Professeur à l'université de Saint-Pétersbourg, l'historien Constantin Kaveline écrit à un collègue de Moscou, le 4 mars 1855 :

> « Le demi-Dieu Kalmouk, passé tel un ouragan, un fléau, un rouleau compresseur, une râpe, par tout l'État russe, trente années durant, mutilant la pensée, causant la perte de milliers de caractères et d'esprits... cette créature de la culture en uniforme et de l'aspect le plus vil de la nature russe a crevé... Si le présent n'était pas si terrible et si sombre, ni l'avenir si mystérieux et si énigmatique, il y aurait de quoi perdre la tête de joie, s'enivrer de bonheur[4]. »

La lettre de Kaveline reçoit l'assentiment de tous.

Poète et philosophe, l'un des théoriciens du courant slavophile, Alexis Khomiakov, promet que le nouveau tsar sera un réformateur. Sa conviction s'appuie sur l'observation historique. « En Russie, selon lui, les bons et les mauvais

4. *Literaturnoe nasledstvo*, 1959.

souverains alternent. Pierre III fut mauvais, Catherine II bonne, Paul Ier mauvais, Alexandre Ier bon, Nicolas Ier mauvais, Alexandre II bon. » Khomiakov fonde sa thèse sur une certitude : chaque nouveau tsar s'applique à reconsidérer la situation reçue en héritage.

Et l'héritage laissé par Nicolas Ier est lourd. En 1854, dans un poème intitulé *La Russie*, Khomiakov brosse un tableau sinistre de son pays :

> « Assombrie dans ses jugements d'une noire injustice
> Marquée du sceau de l'esclavage
> Et de la flatterie impie, du mensonge délétère,
> De l'inerte et infâme paresse,
> De mille vilenies emplie. »

L'historien Mikhaïl Pogodine apostrophe l'empereur, citant Khomiakov : « Chasse le mensonge délétère loin de ton trône et appelle la vérité dure, nue. » Le slavophile Constantin Aksakov renchérit dans une lettre à Alexandre II : « Tous se mentent les uns les autres, tous le voient et continuent de mentir, et l'on se demande jusqu'où ils iront. »

Gouverneur de Courlande et plus tard ministre, Paul Valouïev, partisan convaincu des réformes, souligne, après la disparition de Nicolas Ier, que le fonctionnement de l'État « consiste en un défaut de vérité à tous les niveaux... L'essence de l'action administrative prend chez nous une multitude de formes et assure un mensonge officiel général ». Et de conclure : « En haut l'éclat, en bas la pourriture[5]. » Mikhaïl Pogodine confirme : « Le souverain,

5. Cité d'après P. A ZAJONCKOVSKIJ, *Pravitel'stvennyj apparat samoderzavnoj rossii v xix v*, Moscou, 1978.

envoûté par des rapports brillants, n'a pas une notion juste de la situation réelle en Russie. »

Homme d'État actif dans l'élaboration et la mise en œuvre des réformes engagées par Alexandre II, Nikolaï Boungué écrit :

> « Malgré tout son désir de connaître la vérité, l'empereur n'avait qu'une inexacte notion de la situation de fait dans l'État et a fortiori des courants dominants dans les cercles intellectuels et le peuple[6]. »

Ce mensonge généralisé entraîne la déliquescence morale de la classe dirigeante et, à travers elle, de l'ensemble de la société russe. Le grand historien du XIXe siècle, Vassili Klioutchevski, note dans son journal, le 29 septembre 1868 :

> « Nous avons grandi sous le joug de l'humiliation politique et morale... Nous avons courbé le dos et nous nous sommes résignés. »

Les jugements portés sur la Russie de Nicolas Ier, même par ceux qui servent le régime tsariste, sont sans indulgence. Le général Paul Kisselev, un homme très averti des problèmes de son temps, futur ministre, est chargé par l'empereur du domaine paysan. Il écrit en janvier 1828 :

> « Un État sans argent ni industrie... peut se mettre à ressembler à un colosse aux pieds d'argile[7]. »

---

6. Note trouvée dans les archives de N.X. Bunge, publication V. Stepanov, *Istocnik*, Moscou, 1993.
7. Cité d'après W. Bruce Lincoln, Mikolaj I., Varsovie, 1988.

Il faut la guerre de Crimée pour que le retard industriel, économique et financier de la Russie s'affiche au grand jour. Le déficit des finances publiques se creuse inexorablement au point qu'en 1850 les autorités jugent opportun de le dissimuler dans leur rapport au Conseil d'État, afin « de ne pas nuire au crédit de l'État ».

Une proportion considérable du budget est absorbée par les dépenses militaires. Et pourtant, malgré cette priorité, la guerre montre que l'équipement russe est très inférieur à celui de l'adversaire. La flotte se compose surtout de bateaux à voile, peu manœuvrants, face aux vapeurs anglais et français. Autre handicap, l'absence de voies de communication. L'historien d'origine russe, Michel Heller, relève que, sous le règne de Nicolas Ier, sont construites neuf cent soixante-trois verstes[8] de voies ferrées, sans commune mesure avec l'effort réalisé aux États-Unis[9].

Conséquence de cette situation, l'envoi de vivres à destination de Simferopol prend plus d'un mois. En outre, les effectifs destinés à renforcer les troupes sur le terrain mettent trois mois pour parvenir de Moscou en Crimée, alors que les unités françaises et anglaises arrivent sur le théâtre des opérations par la mer en trois semaines.

Le ministre de la Guerre, Tchernychev, publie une note sur le nombre de soldats morts de maladies. Elle s'intitule : « Revue historique de l'administration de l'armée de terre, de 1825 à 1850. » Elle rend compte de l'état sanitaire de cette armée qui accapare l'essentiel du budget public. Paru à l'occasion du vingt-cinquième anniversaire du règne de Nicolas Ier, ce document avance un chiffre accablant : en vingt-cinq ans, un million soixante-deux mille huit cent

8. En Russie, on compte les distances en verstes. Une verste correspond environ à un kilomètre (1060 mètres).

9. *Histoire de la Russie et de son empire*, Michel Heller, Plon, Paris, 1997.

trente-neuf « grades inférieurs » meurent de maladies. Durant cette période, trente mille deux cent trente-trois hommes sont tués dans les guerres contre la Perse et la Turquie, dans le Caucase et lors de l'écrasement de l'insurrection polonaise. Les soldats composant l'armée sont alors de deux millions six cent mille quatre cent sept. On en déduit que 40 % des « grades inférieurs » sont morts de maladies[10]. Rarement une telle proportion a été relevée entre les morts de maladies et les morts tombés sur les champs de bataille. Bref, la guerre de Crimée révèle une image terrifiante de la société russe.

Sous le règne de Nicolas Ier, l'économie russe se développe lentement. Par rapport aux autres pays, la production métallurgique recule même d'année en année. Aux alentours de 1830, la Russie produit douze pour cent de la fonte mondiale. En 1860, seulement quatre pour cent, devancée par l'Angleterre et les États-Unis.

Un tempérament velléitaire

Le 13 décembre 1825, Nicolas Ier, pressenti pour succéder à son frère Alexandre, entre dans la chambre de sa femme et y aperçoit le petit Sacha, son fils. Il lui fait lire le manifeste qu'il a rédigé. « Demain, lui dit-il, ton père sera monarque et toi tsarévitch. Comprends-tu cela ? » Sacha, âgé de sept ans, semble bougon ; il pleurniche et, au son de la voix grave de son père, se met à pleurer amèrement. Le lendemain, à l'heure où Nicolas Pavlovitch sort victorieux de la conjuration décembriste, il entre à nouveau dans la chambre de son épouse. Aux pieds de sa mère, le petit Sacha éclate une

10. Cité d'après P. A. Zajonckovskij, *op. cit.*

nouvelle fois en sanglots. Toute sa vie, le futur Alexandre II versera des torrents de larmes.

Alexandre monte sur le trône en pleine guerre de Crimée, à l'âge de trente-sept ans. Son règne, contemporain de ceux de Napoléon III et de la reine Victoria, représente dans l'histoire de la Russie une ère de transition. Sous la pression de l'opinion publique, il renonce aux procédés despotiques de son père, le «gendarme de l'Europe». Il rétablit au Congrès de Paris les relations pacifiques de son empire avec les puissances occidentales. Son acte d'émancipation des serfs accorde la liberté et les droits civiques à des millions de paysans asservis. Il adoucit la censure, réorganise la justice et accorde une large autonomie à l'administration des provinces.

Ces réformes semblent dessiner du souverain le portrait d'un grand libéral. En réalité, cet homme doux, courtois, accommodant, est un velléitaire dépourvu de fermeté, de convictions, méfiant envers lui-même comme envers les autres. Après quelques années, lassé par la fronde aristocratique et par les idées révolutionnaires qui se propagent parmi les intellectuels et la jeunesse estudiantine, cet homme se réfugie dans l'immobilisme. En représailles, il prend au gré du hasard des mesures coercitives qui ne font qu'attiser les mécontentements. L'administration se désagrège, le terrorisme lève la tête.

Dans les dernières années de son règne, Alexandre II perdra ses appuis. Il mènera l'existence d'une bête traquée, exposée aux tentatives d'attentats les plus épouvantables. Lorsqu'il décidera d'attribuer tous les pouvoirs au général Loris-Melikov pour promouvoir une «dictature du cœur» et élaborer une constitution, il sera trop tard. Le 1er mars 1881, l'empereur succombera aux bombes de ses assassins.

Le « petit Sacha » naît à Moscou le 18 avril 1818. Dès ses premières années, il subit l'autorité de son père, grand de ses deux mètres, la tête haute, la physionomie énergique. Comment échapper à ce regard froid et condescendant, insensible à la peine d'autrui ? Alexandre sera un velléitaire sous l'emprise du despotisme paternel.

À l'âge de six ans, l'enfant est confié aux soins d'un luthérien, le capitaine Morder, homme de devoir d'origine germanique, discipliné et modeste. Puis l'impératrice Alexandra impose, comme gouverneur du grand-duc héritier, le poète Joukovski. Fils illégitime d'un gentilhomme et d'une prisonnière turque, Vassili Joukovski est le fondateur de l'école romantique russe. Il met à la portée du public les œuvres de Schiller, de Victor Hugo, de Byron et jusqu'à l'*Odyssée* d'Homère[11].

Joukovski expose ses vues : « Sa Majesté doit être non point savante mais éclairée… Au vrai sens du terme, cela signifie de vastes connaissances alliées à un profond sens moral[12]. » Il apprend au tsarévitch le français, l'allemand, l'anglais et le polonais. Ses autres professeurs lui enseignent l'histoire, les mathématiques, la stratégie militaire. Dans son troisième cycle d'instruction, Joukovski fait appel à un éminent juriste, le comte Speranski, qui lui dispense un cours de jurisprudence. En vue de parachever l'éducation de son élève, Joukovski souhaite solliciter les services d'un homme d'État reconnu, le comte Capo d'Istria. Cet homme éclairé, libéral, estimé de la Russie et de l'Europe entière, a pris part au Congrès de Vienne et aux grandes négociations internationales de son temps. Mais ce projet n'aboutit pas.

---

11. *V. A. Joukovski et le préromantisme russe*, Marcelle Ehrhard, Paris, 1938.
12. Cité d'après L. G. Zaxarova, *Alexandre II, Rossijskie Samoderzcy*.

En 1827, Capo d'Istria est élu président du premier gouvernement national grec et rejoint son pays natal.

Dans l'éducation d'Alexandre, il y a un domaine qui prime sur tous les autres : sa formation au commandement des armées. Dès 1828, il reçoit une instruction militaire dans les rangs de l'école des Cadets, d'abord comme simple soldat, ensuite comme sous-officier. Puis il participe aux parades avec le grade de sous-lieutenant. En 1836, il commande le premier bataillon des gardes Preobrajenski. Dès lors, les honneurs s'abattent sur lui. Il devient successivement colonel des cuirassiers de la Garde, des dragons de Moscou, des hussards de Pavlograd, chef de toutes les troupes cosaques. Le baron Jomini, ancien chef d'état-major du maréchal Ney, au service de la Russie depuis 1813, est son professeur en stratégie.

Alexandre a-t-il la vocation d'un chef de guerre ? Morder en doute, soulignant qu'il ne s'intéresse qu'aux vétilles de la vie militaire et que l'avalanche de distinctions le rend hautain.

Quand Alexandre a vingt ans, se précisent certains traits de son caractère. Ses éducateurs perçoivent chez lui d'excellentes dispositions, une bonne mémoire, de l'agilité d'esprit. Mais cet esprit ne va pas toujours à l'essentiel, se disperse lorsque surgissent des difficultés. Souvent, l'héritier manifeste une certaine passivité. « Sachez vous dominer, recommande Joukovski. Soyez actif, aimez le travail. »

En vue de secouer l'apathie du grand-duc, de stimuler son énergie et d'élargir le champ de ses centres d'intérêt, les parents du futur empereur l'engagent à entreprendre un périple de sept mois à travers une trentaine de provinces. En ce printemps 1837, où il part de Saint-Pétersbourg en compagnie de Vassili Joukovski, la Russie est peuplée des personnages que dépeint Gogol dans *Le Revizor* et *Les*

Âmes mortes : administrateurs corrompus, propriétaires tyranniques à l'égard de leurs paysans, serfs livrés à la plus grande misère… Le grand-duc rencontrera-t-il ses futurs sujets ? Hélas, non. Ils seront soigneusement éloignés de son passage.

Le marquis de Custine, mémorialiste caustique et pas toujours tendre envers les Russes, croise Alexandre à Ems le 5 juin 1839. Il rapporte :

> « Je me suis trouvé parmi la foule des curieux à côté du grand-duc au moment où il descendait de voiture. Il a vingt ans et c'est l'âge qu'on lui donnerait : sa taille est élevée mais il m'a paru un peu gros pour un aussi jeune homme ; ses traits seraient beaux sans la bouffissure de son visage qui en efface la physionomie ; sa figure ronde est plutôt allemande que russe… Ce visage passera par bien des phases avant d'avoir pris son caractère définitif ; l'humeur habituelle qu'il dénote aujourd'hui est douce et bienveillante, pourtant il y a, entre le jeune sourire des yeux et la contraction constante de la bouche, une discordance qui annonce peu de franchise et peut-être quelque souffrance intérieure… L'expression du regard de ce jeune prince est la bonté ; sa démarche est gracieuse, légère et noble ; c'est vraiment un prince ; il a l'air modeste sans timidité, ce dont on lui sait gré. Sa présence fait avant tout l'impression d'un homme parfaitement bien élevé ; s'il règne jamais, c'est par l'attrait inhérent à la grâce qu'il se fera obéir, ce n'est pas par la terreur, à moins que les nécessités attachées à la charge d'empereur de Russie ne changent son naturel en changeant sa position[13]. »

13. Marquis de Custine, *Lettres de Russie* (notes d'EMS, 8 juin 1839).

Après le mariage d'Alexandre avec la princesse Marie de Hesse-Darmstadt, l'empereur Nicolas Ier s'efforce d'initier son fils aux affaires de l'État, en le nommant membre du Conseil de l'Empire, du Comité des Finances, du Comité des Ministres, du Comité du Caucase et de plusieurs comités secrets dont l'un est chargé de l'évolution de la condition paysanne. Dans ces instances, le grand-duc ne rencontre que des dignitaires élevés dans le sérail, individus serviles se pliant aux intentions du maître. Il cache à peine qu'il s'y ennuie mortellement.

À la mort de son père, Alexandre pressent que la Russie ne se laissera plus gouverner comme un domaine patriarcal ou comme un régiment de dragons.

Les origines du servage en Russie

Lorsqu'Alexandre II succède à son père, il a une parfaite connaissance du problème du servage. En 1848, il a présidé le comité secret chargé d'examiner la situation des serfs et de préparer leur libération progressive.

L'institution du servage n'est pas spécifiquement russe. Au Moyen Âge, elle existe dans toute l'Europe. Les Anglais l'abolissent sous les premiers Tudor, les Français après 1789. En Europe centrale et plus particulièrement en Prusse et dans les provinces orientales de l'Autriche, elle subsiste jusqu'au début du XIXe siècle.

Le servage naît en Russie à l'époque où, sous la pression du joug mongol, la société se hiérarchise. On interdit aux nobles de sortir de leurs terres ; le vassal et le colon ne peuvent plus abandonner les domaines de leur seigneur. De l'un à l'autre bout de la Russie se déploie une immense chaîne : pour la première fois, un peuple entier se trouve attaché à la glèbe.

« Ainsi l'asservissement des uns entraîna-t-il celui des autres », note Tchitcherine, vingt ans après l'abolition du servage par Alexandre II. « Le servage généralisé, conclut-il, contribua incontestablement au développement social ; grâce à lui, la Russie devint un État puissant et instruit[14]. »

Parce que l'État a des besoins croissants, il charge les nobles de collecter l'impôt. Pour ce faire, il doit veiller à la prospérité de leurs domaines. Et pour que le produit de l'impôt ne souffre pas d'érosion, pour que le service militaire soit assuré, l'État prend des mesures afin d'empêcher le paysan d'émigrer.

À l'intérêt des nobles et de l'État s'ajoute l'intérêt des communes paysannes, que l'on désigne sous le nom de *mir* ou d'*obchtchina*. C'est la commune qui possède la terre, et non les paysans individuellement. C'est donc elle qui est responsable de la collecte de l'impôt. On comprend dès lors que la politique des tsars de Moscou ait visé à consolider l'*obchtchina*, dans le but d'assurer les rentrées d'impôts grâce à la garantie solidaire de tous ses membres. Ainsi les deux forces, l'État et la commune, agissent-elles dans le même sens.

Pierre le Grand édifie un système qui repose entièrement sur le servage. L'État cède au noble ses droits sur la personne aussi bien que sur le travail du serf. En contrepartie, il exige du noble le recouvrement de l'impôt du seigneur, dont il fait son agent de police et son agent du fisc. Ainsi se confirme que le servage est une rente qui nourrit la noblesse et l'État. Selon le premier recensement réalisé à l'initiative de l'empereur, il y a plus de cinq millions et demi de paysans. Sur ce chiffre, plus d'un million appar-

14. B. Cicerin, *Sobstvennost'i gosudarstvo*, Moscou, 1882.

tiennent à l'État et près de quatre millions et demi sont des serfs des domaines privés.

Une série de décisions souveraines aggrave la situation des paysans. En 1721, Pierre le Grand autorise les propriétaires à les vendre sans terre, à l'égal de toute autre marchandise, aux patrons de manufactures, afin de stimuler l'industrie.

De même que le paysan est attaché à son propriétaire, Pierre attache ce propriétaire à l'État. En outre, il décide de recréer une noblesse rurale et héréditaire, de remembrer cette propriété privée foncière que ses prédécesseurs ont eu tant de mal à détruire. Pour fonder cette noblesse sur laquelle devra s'appuyer l'autocratie, Pierre concède de manière irréversible aux officiers et employés d'État les terres qu'ils n'exploitaient qu'en échange de services rendus. De révocables et viagères, il rend ces terres héréditaires, mais avec l'obligation pour ces nobles de servir l'État à partir de leur vingt et unième année. Cette nouvelle noblesse se donne une consigne : « Vis de ta charge et rassasie-toi. »

Européenne comme Pierre Ier, Catherine II affiche des opinions ambiguës. Elle se déclare prête à ouvrir la Russie au progrès occidental ; mais dans le même temps, elle décrète qu'un propriétaire peut condamner un serf à travailler à vie dans les mines de Sibérie, qu'un paysan ayant porté plainte contre son seigneur sera frappé du knout. En 1785, elle autorise les nobles à compter leurs serfs dans leurs inventaires, au même titre que des têtes de bétail.

Plus encore que ses prédécesseurs, Catherine multiplie les donations de terres. À ses complices qui l'aident à conquérir le trône, elle accorde dix-sept mille âmes[15]. Les historiens retiennent que, pendant son règne, elle offre quatre cent mille âmes à des propriétaires privés. Le comte de Ségur,

15. On entend par « âme » le chef de famille.

ambassadeur de France à Saint-Pétersbourg, rapporte dans ses mémoires que, les jours de fête, Catherine distribue des milliers de paysans à ses favoris.

Suite à la montée des mécontentements, Catherine II doit faire face à une menace qui la prend de court. Dans les campagnes de la Volga surgit Pougatchev, ataman cosaque si intrépide qu'une année durant il tient tête aux meilleurs généraux de l'impératrice. Il parvient à pendre tous les nobles qu'il croise sur sa route, à s'emparer des vastes espaces qui s'étendent d'Orienbourg à Kazan, à se rallier les masses paysannes qui reconnaissent en lui l'empereur Pierre III, à les émanciper, à les mobiliser jusqu'au jour où, capturé par surprise, le héros est décapité à Moscou. Le châtiment de ce criminel est le premier épisode de la révolution russe[16].

> « En 1789, elle est en pleine possession de son génie… Jamais la Russie n'a possédé un souverain aussi complètement russe que cette Allemande. La révolution de France dérange ses calculs et elle la déteste[17]. »

Cette aversion se traduit par un regain de sévérité à l'égard de toute idée libérale. Elle est sans pitié pour Alexandre Radichtchev, coupable d'avoir porté une violente charge contre l'autocratie et le servage : *Le voyage de Saint-Pétersbourg à Moscou*[18]. Dans cet ouvrage publié en 1790, l'auteur accumule les portraits décrivant la misère matérielle et morale des serfs : l'isba enfumée, le petit moujik qui n'a jamais vu de sucre, le paysan n'ayant que le dimanche pour labourer son lopin de terre, les jeunes filles victimes

16. *Cf. La révolte de Pougatchev*, présentée par Pierre Pascal, Paris, 1971.
17. *L'Europe et la Révolution française*, Albert Sorel, Paris, 1885-1904.
18. *Radishchev et son temps*, G. P. Makogonenko, Moscou, 1956.

de la lubricité du seigneur, la vente publique d'une famille de fidèles domestiques dispersés au hasard des enchères, l'enrôlement des recrues au milieu des sanglots, le tout rendant inévitable aux yeux de l'auteur une révolte dure et légitime.

L'impératrice ne supporte pas cette diatribe. L'auteur est condamné à mort et, par grâce, déporté en Sibérie. Mais des copies du *Voyage* circulent clandestinement. Elles influenceront les écrivains libéraux de la première moitié du XIXe siècle.

Rappelé sur ses terres par le fils de Catherine, l'empereur Paul Ier, Radichtchev, avant de se donner la mort, approfondit son analyse de la condition paysanne. En 1800, il écrit *Une description de mon domaine*. Ce texte peu connu évoque un village de trois cent soixante habitants, riche de cent quarante chevaux et de sept cents dessiatines dont cent douze sont pourvues d'engrais[19]. Le résultat des calculs de Radichtchev fait ressortir un bénéfice par cultivateur d'à peine deux roubles par an pour une récolte normale. Seuls peuvent espérer un gain supérieur ceux qui ont un métier complémentaire. Passant en revue les devoirs et les charges des villageois, Radichtchev conclut :

> « Tout ce dont il dispose, le serf le tient du bon plaisir de son maître. Et pourtant, ne doit-il pas en avoir la propriété puisqu'il paie l'impôt ? »

---

19. La dessiatine est l'ancienne unité de mesure des surfaces agraires, équivalant à 1,092 hectare.

L'apogée du servage

À la fin du XVIIIe siècle, l'institution du servage est la pierre angulaire de l'autocratie. La noblesse y est attachée dès l'enfance. Élevés sur des domaines de famille, souvent en l'absence du père, confiés à des serfs qui n'ont aucun droit sur eux et peuvent être fouettés sous leurs yeux, les nobles cèdent à leurs caprices. Ni l'enseignement de précepteurs étrangers, ni les programmes archaïques des établissements scolaires ne parviennent à les éclairer sur la réalité de la société russe au sein de laquelle ils grandissent en aveugles. Le service militaire leur inculque la nécessité de l'autorité sur les soldats, provenant du servage, qui les appellent « Votre noblesse ». Leur passage dans les services administratifs vénaux et sclérosés achève de les isoler, en marge de la société.

En 1963, M. Confino soutient à l'université de Paris une thèse de doctorat sur les structures agraires en Russie[20]. Dans cette thèse, il met en évidence le triple fondement de l'organisation servile : politique, moral et économique. Son étude se réfère aux *Travaux de la Société Libre d'économie de Saint-Pétersbourg* qui proposent un précieux témoignage de l'intérêt porté aux problèmes agraires par l'élite de la société russe. Parmi les membres de cette société, outre des propriétaires, on trouve des techniciens, des administrateurs, des fabricants, des marchands et même des ecclésiastiques. Quelques étrangers collaborent à ses travaux : Arthur Young, l'abbé Raynal, Necker. Les plus représentés au sein de la Société Libre sont issus de la moyenne noblesse. Malgré leurs illusions et leur étroitesse d'esprit, ces hommes appar-

20. M. Confino, *Domaines et seigneurs en Russie vers la fin du XVIIIe siècle*, Paris, 1963.

tiennent à la partie la plus modérée, la plus loyale et la plus compétente de la caste nobiliaire, entre l'aristocratie désinvolte à laquelle la superficie de ses propriétés et le nombre de ses âmes assurent de confortables revenus, la noblesse de service qui a des préoccupations plus immédiates, et la multitude de modestes hobereaux qui ne possèdent qu'une famille de serfs.

La justification politique du servage s'inscrit dans cette règle d'or : la Russie ne peut être qu'une autocratie. Et pour les nobles, le servage est le garant d'un tel régime.

> « Dans un immense empire autocratique, tous les domaines qui en font partie doivent avoir des institutions monarchiques. La puissance agissante et la gloire de la Russie ne s'appuient-elles pas inébranlablement sur les pouvoirs de tous ces petits monarques[21] ? »

La surveillance des paysans est donc une véritable fonction politique et il faut que les *pomiechtchik*, les propriétaires, en demeurent investis, même après leur exemption du service de l'État.

Le maintien de l'ordre est réalisé par des hommes qui y appliquent la même rigueur que dans les armées ou dans l'administration. Cette nécessité d'un ordre policier conduit les seigneurs à renforcer la communauté villageoise pour mieux asseoir la pratique de la responsabilité collective. Par ailleurs, les seigneurs perçoivent le profit qu'ils peuvent tirer de l'institution villageoise sur le plan financier et économique (levée de la capitation instituée par Pierre

21. *Cf.* M. Confino, « La politique de tutelle des seigneurs russes envers leurs paysans vers la fin du XVIIIe siècle », *Revue des Études slaves*, Paris, 1960.

le Grand, redistribution périodique des lots) et aussi – et surtout – dans l'exercice de leur autorité.

Les arguments politiques en faveur du servage sont renforcés par des considérations d'ordre psychologique et moral exprimées unanimement par les membres de la Société Libre[22]. Le portrait qu'ils dessinent de la mentalité paysanne plaide pour la défense du servage. Le paysan n'est pas un individu adulte doué de réflexion, de discernement et d'énergie ; il est inconséquent, grossier, voleur, menteur et surtout paresseux, se comportant comme un grand enfant. La richesse du vocabulaire russe est impuissante à épuiser les degrés de sa fainéantise incurable. Les seigneurs ont donc un droit de tutelle sur ces éternels mineurs.

Noble de petite fortune, propriétaire foncier et écrivain, Andreï Bolotov laisse des Mémoires. Ils sont un catalogue de la littérature profane accessible aux Russes cultivés, à compter de la seconde moitié du XVIIIe siècle. Bolotov explique qu'il faut empêcher les paysans de « vendre sans besoin leur grain aux marchés… car la négligence des paresseux et des bons à rien est tellement grande qu'ils ne calculent jamais pour combien de temps leur grain suffira à les nourrir et ils vendent leurs derniers boisseaux sans penser à l'avenir ; puis ils mangent leur argent ou s'enivrent avec, après quoi ils se présentent à la caisse à grains du *pomiechtchik* et demandent qu'on les nourrisse ou qu'on les laisse aller travailler hors du domaine[23] ».

Certes, le propriétaire n'a pas tort quand il affirme que son paysan est imprévoyant. Mais que fait-il pour l'aider à s'améliorer ? Non seulement il exige de lui des

22. « Le paysan russe jugé par la noblesse au XVIIIe siècle », M. CONFINO, *Revue des Études slaves*, Paris, 1961.
23. Andreï BOLOTOV, *Vie et aventures d'Andreï Bolotov décrites par lui-même à l'intention de sa descendance*, Saint-Pétersbourg, 1870-1873.

prestations écrasantes sans lui donner les moyens de mieux travailler, non seulement il le prive des meilleures terres qu'il incorpore dans la «réserve seigneuriale», mais il refuse de l'instruire et intervient à toutes les étapes de sa vie personnelle, en particulier dans l'organisation de ses déplacements, des successions, des mariages qu'il règle comme bon lui semble.

Outre les fondements d'ordre politique et moral, ce sont surtout des raisons économiques qui poussent les barines à défendre le servage. À une époque où les relations commerciales s'intensifient, les propriétaires ne sont pas disposés à renoncer à une main-d'œuvre gratuite. Leur préoccupation première est de mettre en pratique les méthodes qui permettent d'en tirer le plus grand profit.

Les serfs des domaines privés sont soumis à trois sortes d'obligations. Ils ne peuvent disposer de leur personne ; ils sont des domestiques astreints au service personnel du propriétaire ; il leur est interdit de se déplacer sans autorisation. Ils payent une redevance en argent, *obrok*, ou en corvée, *barchtchina*. Ils exploitent un petit enclos qui ne leur appartient pas, constitué d'une isba, d'un jardin et de quelques arpents de terre.

Les conditions de vie des paysans sont déplorables. Leur misère se traduit par d'incessantes révoltes. Beaucoup n'ont de divertissement que dans la vodka. Les jours de fête, on rencontre dans les campagnes des paysans ivres, incapables de regagner leur village. Quand on leur demande pour quelle raison ils n'ont pas travaillé ce jour-là, ils répondent : «C'était la fête du saint. Quel saint ? Je ne sais pas.»

Là où il n'y a pas de révolte, c'est la résignation qui s'empare des serfs. Leur misère tient beaucoup à l'absence du propriétaire qui réside à Moscou, à Saint-Pétersbourg ou dans les chefs-lieux de gouvernements, redoutant que ses paysans mettent en danger sa vie et ses biens. Seuls les petits propriétaires, proches de ceux que Gogol décrit dans sa nouvelle, *Propriétaires de l'ancien temps*, résident à la campagne dans le même espace que leurs paysans et d'une manière assez semblable à la leur. Mais ils doivent s'acquitter d'impôts très lourds, si bien qu'ils se montrent peu compatissants envers leurs serfs.

Au milieu du XIXe siècle vit à Paris une Russe convertie au catholicisme, Mme Swetchine. Son salon est fréquenté par des aristocrates français et par les milieux les plus cultivés. Elle n'a pas vendu ses domaines en Russie où elle souhaite introduire une existence plus humaine pour ses paysans.

De ses propriétés situées dans les régions de Samara et de Saratov, elle reçoit des nouvelles par des intendants qui ont sa confiance. L'un d'eux lui rapporte qu'ayant invité les paysans à lui communiquer leurs plaintes, il reçoit cette réponse d'un jeune homme :

> « Qui de nous oserait dire la vérité ? Je suis fils d'Ivan qui a passé toute sa vie à souffrir. Il a été vingt-cinq ans en Sibérie, séparé de ses fils, parce que, voulant le bien, il a révélé des choses vraies sur le compte de l'intendant. Il nous en arrivera autant si nous disons la vérité. »

Et le correspondant de Mme Swetchine ajoute :

> « Le malheureux jeune homme avait raison car moi-même j'ai travaillé pendant trois ans et demi à retirer le pauvre Ivan du fond de la Sibérie. Il est

revenu depuis quatre ans, il n'est plus que l'ombre de lui-même[24]. »

L'intendant ? L'homme de tous les abus, l'homme par qui tout s'ordonne ou se désagrège. Le propriétaire, même s'il réside sur son domaine, dépend de ce majordome protéiforme qui se conduit en tyran, vole son maître et ses sujets, dissimule la vérité à un seigneur enclin à fermer les yeux et sabote les tentatives de réforme. Il est d'autant plus méprisé par le barine et haï par les moujiks qu'il est d'origine allemande, balte ou polonaise. Son rôle, nuisible, court comme une rengaine à travers les chansons populaires, les pétitions, les rapports de police, les nouvelles des écrivains.

Chroniques familiales

À côté des travaux de la Société Libre, à côté des souvenirs émouvants d'Andreï Bolotov, il est intéressant de fouiller les archives des grandes familles de l'aristocratie russe, celles des Kourakine, des Cheremetiev, des Ioussoupov[25], des Vorontsov[26].

Les Kourakine appartiennent à une famille encore très puissante à la fin du XVIIIe siècle, mais éprouvant des difficultés à s'adapter aux temps nouveaux. Ils possèdent soixante-dix mille dessiatines dont vingt mille pour leur domaine de Nadiejdino, dans la province de Saratov. La moitié de ce domaine est formée de terres arables dont les deux tiers sont affectés aux tenures paysannes et un tiers à la réserve seigneuriale.

---

24. Cité par le comte de Falloux, *Madame Swetchine*.
25. *Cf.* K. V. Sivkov, *Esquisses d'histoire de l'économie servile et du mouvement paysan en Russie dans la première moitié du XIXe siècle, d'après les archives des Jusupov pour leurs domaines des steppes*, Moscou, 1951.
26. *Cf.* M. Bouloiseav, « Les archives Vorontsov », *Revue historique*, 1963.

Chaque âme dispose d'un peu moins de deux dessiatines de terres arables.

La vente de céréales progresse mais ce sont les fabriques implantées sur le domaine qui fournissent la plus grande part des revenus : une manufacture de draps, et surtout une distillerie. La production d'eau-de-vie passe de huit mille cinq cent soixante-six seaux, en 1807, à cent trois mille quatre-vingt-neuf, en 1850.

Cependant l'organisation reste archaïque. Ce sont des chevaux qui font tourner les machines alors que les paysans en manquent pour l'exploitation de leurs terres. Le système de l'*obrok* est en voie d'abandon. La distillerie fonctionne grâce aux corvées d'hiver imposées à cent quinze serfs. La comptabilité est approximative : elle affiche toujours des bénéfices alors que les Kourakine s'appauvrissent. Cette famille, submergée par des dettes qu'elle est incapable d'honorer, voit ses propriétés placées sous le contrôle d'un comité de tutelle. Le magnifique château de Nadiejdino, construit en 1792, tombe en ruines[27].

La famille Cheremetiev, beaucoup plus riche que les Kourakine, a laissé son empreinte dans l'histoire de la Russie ; en témoigne la survie de monuments, comme le palais d'Ostankino dans un quartier nord de la ville de Moscou, transformé en musée du servage, ou le palais de Kouskovo, dans la banlieue est, qui abrite un musée de la porcelaine. Ces palais ont été bâtis par des serfs.

Les domaines des Cheremetiev, répartis sur dix-sept gouvernements, représentent en 1800 une superficie de sept cent soixante-neuf mille sept cent cinquante dessiatines et sont peuplés de deux cent dix mille trois cent

27. Tatiana Bakounine, *Le domaine des princes Kourakine dans le gouvernement de Saratov*, Paris, 1929.

quarante serfs. Très tôt, le système de l'*obrok* y est pratiqué intensivement.

Un bureau central rassemble les informations et expédie les instructions du comte aux intendants de chaque propriété. Cependant, malgré les apparences, l'agriculture est aussi peu soignée que chez les Kourakine. Le rendement moyen des céréales est de deux ou trois pour un sur les sols médiocres, de quatre ou cinq pour un sur les terres noires.

Comme les Kourakine, les Cheremetiev s'investissent dans l'industrie mais en y appliquant des techniques plus avancées. À Povlovo, dans le gouvernement de Nijni-Novgorod pour le travail des métaux, à Ivanovo, dans le gouvernement de Vladimir pour la nouvelle industrie du coton et la fabrication d'étoffes imprimées, c'est une cinquantaine d'entreprises qui emploient des milliers de travailleurs. La plupart sont des serfs à l'*obrok*. D'autres s'établissent dans les grandes villes comme commerçants ou fabricants. Les maisons de quelques rues de Saint-Pétersbourg et de Moscou portent des plaques au nom des Cheremetiev[28]. Quant aux membres de cette illustre famille, ils ont dilapidé leur fortune en dépenses somptuaires.

On comprend que les propriétaires, à la fin du XVIIIe siècle, soient attachés de manière indéfectible à l'institution du servage. Et pourtant la critique, soigneusement muselée, se fait jour par le biais d'une littérature imprégnée des idées humanistes du siècle des Lumières. On la perçoit dès 1766 dans le roman d'Emin, *Les Lettres d'Ernest et de Doravra*, inspiré de *La Nouvelle Héloïse*. Les propriétaires y sont comparés à des tyrans oisifs et jouisseurs, responsables de

28. *Cf.* Nicolas Tourgueniev, *La Russie et les Russes*, Bruxelles, 1847. L'auteur précise : « L'esclave ne peut rien posséder en son nom et la loi ne permet pas de lui faire crédit au-delà de cinq roubles... La plus grande fabrique de chapeaux à Moscou appartient à un esclave du comte Cheremetiev. »

l'immense misère des paysans. Elle perce clairement dans les écrits satiriques de Novikov, le plus talentueux des publicistes de son temps. Dans son ouvrage, *Le bourdon*, il met en scène un barine qui, apprenant que la famine sévit dans l'un de ses villages, ordonne à son intendant de faire fouetter les mécontents et de veiller avec plus de rigueur à la perception des redevances. Elle s'introduit dans les pièces de théâtre et les opéras-comiques, s'inspirant des mœurs populaires[29]. L'iniquité de la condition paysanne est dénoncée par Popov dans *Aniouta* (1772) et par Kniajnine dans *Le malheur vient d'un carrosse* (1779). Grâce au sentimentalisme emprunté à Rousseau, le paysan acquiert peu à peu le droit d'être considéré, lui aussi, comme un être humain. L'aboutissement de cette évolution se trouve dans la nouvelle de Karamzine, *La pauvre Lise* (1792). C'est l'histoire triste d'une douce paysanne qui, séduite puis abandonnée par un noble, se jette dans un étang.

L'appauvrissement des nobles

Le nombre de nobles ne cesse de s'élever sous l'effet de l'hérédité naturelle, de l'octroi de titres ou de l'accession à la noblesse de service. En 1858, ils sont, avec leurs familles, huit cent quatre-vingt-sept mille en Russie d'Europe, dont six cent dix mille à titre héréditaire. Mais la surface de leurs domaines ne s'accroît plus. À chaque succession, les actifs fonciers sont partagés entre les fils. Le morcellement et l'enchevêtrement des parcelles contribuent à compliquer leur exploitation. L'économiste westphalien Haxthausen note, en traversant le gouvernement de Kostroma : « Il y

29. Nina Gourfinkel, « L'opéra-comique russe et la formation de la comédie nationale », *Revue des Études slaves*, 1962.

a des villages qui sont partagés entre plusieurs seigneurs, comme celui de Michaïlowo, qui est habité par des serfs appartenant à onze seigneurs différents[30]. »

Parmi les nobles, le nombre de propriétaires fonciers tend à diminuer. À la suite d'accords entre frères ou par découragement, plusieurs nobles renoncent à leurs terres pour s'orienter vers la fonction publique. Et comme, depuis 1841, il est interdit de posséder des serfs sans posséder aussi des terres, le nombre des « maîtres » fléchit également : cent vingt-sept mille cent trois en 1834, cent trois mille huit cent quatre-vingts en 1858.

Entre ces nobles, que de situations contrastées ! Ils se rangent, selon le comte Lieven, ambassadeur à Londres, « depuis les degrés du trône jusqu'à la paysannerie ou presque ». Longtemps, la concentration agraire est restée forte. En 1834, il n'y a que 16 % des nobles qui possèdent plus de cent âmes. À l'autre extrémité, 63 % des nobles ont moins de trente âmes. Au cours des décennies suivantes, cette proportion se réduira à la suite de ventes auxquelles se résignent aussi bien les plus riches que les plus pauvres des nobles.

Une classe de petits hobereaux vit dans la misère. Un représentant de la noblesse de Riazan affirme, en 1857, que mille sept cents familles, représentant le quart des nobles de la province, « forment avec leurs paysans une même famille, mangent à la même table, habitent la même isba ».

Les grands seigneurs ne mènent certes pas ce modeste train de vie mais ils sont à peu près tous, comme les Cheremetiev, couverts de dettes. Ils n'ont d'autres ressources que de grever leurs domaines d'hypothèques. Leurs paysans

---

30. L'ouvrage du baron Auguste de Haxthausen a été publié simultanément en allemand et en français : *Études sur la situation intérieure, la vie nationale et les institutions rurales de la Russie*, Hanovre, 1847-1848.

continuent à quitter leurs villages pour des lieux où ils espèrent trouver de la terre et la liberté. Les propriétaires ne s'opposent guère à ces migrations dont ils attendent un *obrok* substantiel.

Haxthausen s'intéresse à un village du prince Saltykov, abritant mille huit cent vingt âmes. De ce nombre, cinq cents sont toujours absentes et plus de deux cents autres travaillent dans une fabrique de bottes renommées et vendent leurs produits à Nijni-Novgorod.

Le moujik, ce héros

Au milieu du XIXe siècle, une nouvelle organisation de l'ordre social se met en place. L'ordonnancement de la société russe, État-noblesse-paysannerie, vacille. L'affaiblissement du pouvoir de la noblesse laisse face à face l'État et les paysans.

Les paysans se répartissent en deux catégories : les paysans de la Couronne, près de vingt millions d'individus, avoisinent le nombre de serfs, vingt-cinq millions. Ces proportions correspondent à un pourcentage considérable de la population de Russie qui, d'après le recensement de 1835, est constituée d'une soixantaine de millions d'habitants.

L'État, lui, est représenté par l'appareil bureaucratique, lourd et coûteux, qui ne cesse de prospérer. En 1855, les fonctionnaires sont quatre-vingt-deux mille trois cent cinquante-deux[31]. Leur nombre le cède à peine à celui des propriétaires terriens.

Les ouvrages littéraires de l'époque ne se privent pas de présenter les fonctionnaires sous leur jour le plus sordide.

---

31. Chiffre cité d'après W. Bruce Lincoln, *op. cit.*

Tantôt, à l'image du héros du *Manteau* de Gogol, ce sont des êtres désemparés, pitoyables, tantôt ce sont des individus corrompus, méprisant leurs inférieurs, un type dépeint au vitriol par l'écrivain satyrique Saltykov-Chtchedrine.

La littérature reproduit les modèles de son temps. Quand, en 1836, Vladimir Petcherine, professeur à l'université de Moscou, érudit et poète, envoyé en mission à l'étranger, décide de ne pas rentrer au pays, il explique ainsi son acte :

> « J'ai fui la Russie comme on fuit une ville pestiférée. Je pressentais, je prévoyais, j'étais certain que si je restais en Russie, étant donné la faiblesse et l'indolence de mon caractère, je deviendrais immanquablement le plus vil et le plus zélé des fonctionnaires, ou bien, sans rime ni raison, je me retrouverais en Sibérie. J'ai fui sans me retourner afin de préserver en moi un semblant de dignité humaine[32]. »

Le grand chambardement social intervenu au milieu du XIXe siècle laisse un vide. La noblesse a perdu sa puissance. L'appareil bureaucratique est honni. La littérature se cherche un héros en qui remettre ses rêves. Ce sera le moujik.

« Dans l'histoire de Russie, le personnage essentiel, c'est le paysan... De lui dépend toute la vie du pays », écrit Pierre Pascal[33], dans la synthèse que lui inspirent les trois volumes de *L'histoire de Russie* à laquelle Paul Milioukov a attaché son nom. Que représentent trois centièmes de bourgeois et artisans, un centième de nobles et autant d'ecclésiastiques par rapport aux 95 % de moujiks dont plus de la moitié, on l'a dit, sont des serfs privés ?

---

32. V. S. PECERIN, *Zamogil'nye zapisi*, Moscou, 1932.
33. « Le paysan russe dans l'histoire de Russie », Pierre PASCAL, *Revue historique*, 1934.

Anatole Leroy-Beaulieu évoque dans son livre, *La Russie et les Russes*, la conscience morale du moujik à travers une pièce de théâtre : *Les Danichef*. Ce drame qui décrit la société russe avant l'émancipation a pour héros un paysan. La noblesse vaniteuse et frivole, le clergé dépendant et timide, le marchand enrichi et servile sont bien pâles devant l'ancien serf Ossip. « Cet homme est grand, cet homme vaut mieux que nous, ma mère », dit de cet affranchi le jeune comte Danichef. Ainsi l'auteur laisse présager le sens de sa pièce. Sa conclusion est limpide : elle impose l'homme du peuple, aux dépens des classes privilégiées par la naissance, l'instruction ou la fortune. De la comédie de l'Odéon, le moujik est le héros.

En regard de l'insignifiance de la population urbaine, le paysan semble à lui seul tout le peuple. Cet homme, qui occupe une si large place, a longtemps été incompris des classes privilégiées, élevées dans le culte des mœurs étrangères. Le rejet du cosmopolitisme du XVIIIe siècle, la renaissance de l'esprit national dans la politique, la littérature et les arts ne peuvent que mettre en valeur le paysan, l'homme russe par excellence. La Russie se reconnaît dans le peuple des campagnes, dans son originalité et sa personnalité. Elle est prise de tendresse pour le plus inculte de ses enfants, le moujik, rejetant le mépris dont le serf a si longtemps été victime. On découvre que c'est en revenant à une vie simple, dépourvue des souillures de la corruption, que c'est en se retrempant aux sources des vertus populaires que les hautes classes de la société regagneront une santé morale.

> « Nous autres, hommes civilisés, nous ne sommes que des guenilles ; mais le peuple, oh, le peuple est grand. »

Ainsi s'écrie, dans *Fumée*, l'un des personnages d'Ivan Tourgueniev.

La littérature au secours du moujik

La crise du système servile, nous l'avons souligné, atteint les serfs, mais aussi les propriétaires et l'État. Du côté des paysans, outre les évasions, elle se marque par des agitations qui s'apparentent plus à des explosions de colère qu'à des tentatives de révoltes concertées. Mais ce qui ressort du règne de Nicolas Ier, c'est que ces troubles deviennent de plus en plus nombreux. Les rapports annuels de la Troisième Section les mentionnent dans les moindres détails. Ces « émotions populaires », comme on eut dit dans la France du XVIIe siècle, s'accompagnent de destructions de récoltes et de bâtiments, de violences de personnes. Pendant les vingt dernières années du règne de Nicolas Ier, une trentaine d'intendants et près de cent cinquante seigneurs sont tués, parmi lesquels le père de Dostoïevski.

Un homme, philosophe et publiciste russe, Alexandre Herzen, éprouve de l'affection pour la personnalité des moujiks.

> « L'intelligence brille dans leurs yeux. En général, sur dix moujiks, huit assurément ne sont pas sots, et cinq sont positivement intelligents, débrouillards et compétents… J'ai honte de contribuer pour ma part à les accabler de misère… ; j'ai une tâche à accomplir[34]. »

34. *Cf.* H. Granjard, « Alexandre Herzen à la croisée des chemins », *Revue des Études slaves*, 1958. Sur la pensée de Herzen avant 1855, se référer au livre de M. Malia, *Alexander Herzen and the birth of Russian Socialism*, Harvard University Press, 1961.

Acquis tout jeune aux idées révolutionnaires, Herzen quitte la Russie en 1847 pour se soustraire à la police et à la censure du tsar. Il vit d'abord en France, terre promise de la liberté, puis s'établit à Londres en 1852 où il fonde une imprimerie russe.

Il combat le régime tsariste dans ses revues, *L'Étoile polaire* et *La Cloche*, qui circulent de mains en mains en Russie, appelant les consciences à se préparer au grand soir révolutionnaire.

Sous l'influence d'Alexandre Herzen, un débat s'instaure en Russie. Quelques nobles se demandent si le servage est le système le plus productif, si, grâce à l'*obrok*, il ne serait pas plus profitable de s'orienter vers l'emploi, permanent ou saisonnier, de travailleurs libres salariés. Mais faut-il libérer les paysans avec terre ou sans terre ? Le paysan doit-il ou non racheter cette terre et, si oui, à quel prix ?

Les hommes de culture, sortant prudemment d'un long silence imposé par la censure, réfléchissent au servage, observant qu'il n'est plus défendu que par des écrivains obscurs. À l'exception de Gogol. Après avoir consacré la première partie des *Âmes mortes* à ridiculiser les hobereaux, Gogol découvre dans le servage une institution providentielle[35]. À l'inverse, la très grande majorité des intellectuels plaide pour que le serf devienne un homme libre.

Une génération brillante de poètes et d'écrivains, qui se baptise la « génération de la mauvaise conscience », pousse à la réhabilitation du moujik. Elle se compose principalement de nobles marqués dans leur enfance par l'iniquité et l'immoralité du servage. Ces nobles se repentent des

35. Le critique littéraire Bielinski, qui a apprécié le réalisme satyrique du *Revizor* et des *Âmes mortes*, répond par une lettre à Gogol écrite de Prusse en 1847. Il l'accuse de s'être fait l'apologiste du knout, l'apôtre de l'ignorance.

agissements de leurs parents et des avantages qu'ils ont eux-mêmes tirés de privilèges mal acquis.

Le slavophile Khomiakov conclut avec ses serfs un contrat qu'il qualifie « d'égal à égal ». Il écrit :

> « Le sérieux ou, pour mieux dire, la solennité intelligente avec laquelle les paysans abordaient la question, la sincérité et la reconnaissance avec laquelle ils répondirent, de leur côté, à ma propre sincérité, tout cela me fit impression ; les paysans des autres villages me demandent la même convention... et les propriétaires voisins m'insultent désespérément. »

Les slavophiles se placent sur les plans moral et religieux pour condamner le servage. Attachés au passé de la Russie, ils sont des partisans convaincus de la commune rurale, le *mir,* dans laquelle ils voient une institution typiquement slave, démocratique et fraternelle.

De France, la défense des serfs est assurée par Nicolas Tourgueniev, économiste au cœur tendre, qui, depuis 1824, vit en émigration. Dans *La Russie et les Russes,* il écrit :

> « Appartenant par ma naissance à la classe des propriétaires d'esclaves, je connus dès mon enfance la dure condition de ces millions d'hommes..., le spectacle d'une si criante injustice... laissera dans mon âme une impression qui ne devait jamais s'effacer. ... Oui, je les aime, ces bons serfs russes et, jusqu'à la sainte barbe qui les distingue encore, tout en eux est pour moi objet de respect. ... Si la servitude avilit l'esclave, elle avilit encore plus le maître. »

Les écrivains lus par un large public participent à l'éclosion d'une sensibilité nouvelle. Entre Karamzine et la génération des années quarante, un jeune poète, Pouchkine, écrit dans *Le Village*, en 1819 :

> « Par les collines et les champs couverts de fleurs,
> L'ami des hommes observe avec tristesse
> Que partout règne la honteuse et funeste ignorance.
> Ici, une noblesse sauvage, sans foi ni loi
> S'approprie par la violence, par le fouet,
> Et le labeur, et le bien, et le temps du paysan… »

Le poète Nekrassov prolonge le réquisitoire de Pouchkine. En 1856, il publie *Le Pays natal*, inspiré par les agissements de son propre père, petit despote de la région de Iaroslavl. Il y évoque les lieux de son désenchantement[36] :

> « Où la vie de mes parents, stérile et vide,
> S'écoulait dans les festins, la morgue et la sottise,
> La hideuse débauche, la tyrannie mesquine. »

La vie des paysans est vulgarisée par les romanciers qui s'imprègnent des œuvres de Balzac et de George Sand. La condition paysanne est décrite subtilement dans les récits de Grigorovitch : en 1846, *Le Village* et en 1847, *Antoine le traîne-misère*, histoire d'un paysan que l'intendant fait déporter en Sibérie parce qu'il a eu l'impertinence de se plaindre à son seigneur[37].

---

36. *Cf.* Ch. Corbet, *Nekrassov, l'homme et le poète*, Paris, 1948.

37. Bielinski écrit à propos d'*Antoine le traîne-misère* : « Aucun roman russe n'a produit sur moi une impression aussi terrible, accablante, torturante, étouffante. » Cité par P. Mezencev, *Vissarion Bielinski*, Moscou, 1963.

Et puis vient une œuvre admirable, *Les récits d'un chasseur*, suite de nouvelles qu'Ivan Tourgueniev remet à la revue *Le contemporain* entre 1847 et 1851, avant de les rassembler en un seul volume. Ivan a passé son enfance parmi les moujiks, cruellement traités par sa mère. Dans ses récits, il décrit avec compassion les serfs victimes des caprices, de la cruauté, du sadisme des intendants, des fonctionnaires et des seigneurs, tous dépeints comme des êtres odieux ou grotesques.

Les censeurs déconseillent la publication de l'ouvrage :

> « Est-il utile de prouver aux gens du peuple qui pourront lire le livre que les propriétaires, couverts de ridicule par l'auteur, sont des sauvages incultes ou des détraqués qui se conduisent de façon inconvenante et au mépris des lois ? ... Suggérer au paysan qu'il vaudrait mieux pour lui être libre que de vivre avec son seigneur..., c'est vouloir sa perte certaine. »

Tourgueniev ne s'exprime pas en économiste ou en philosophe réformateur. Il se contente de suggérer la substitution de l'*obrok* à la corvée, donnant en exemple ce paysan malin qui vit dans son coin, ignoré du *mir*, de l'intendant et du seigneur. C'est parce qu'il n'est ni un doctrinaire, ni un révolutionnaire que son ouvrage suscite l'intérêt de ses lecteurs par la relation objective de faits vécus, dépeignant le moujik comme un être sensible, digne, courageux devant la mort comme devant la misère et l'humiliation.

L'ouvrage de Tourgueniev n'a pas sur le grand-duc Alexandre l'influence qu'on a bien voulu lui attribuer. Mais il participe à modifier les mentalités des propriétaires, à leur faire prendre conscience que la condition paysanne ne peut rester figée. Parmi les hommes ouverts au changement, il y a Leskov, écrivain originaire, comme Tourgueniev, de la région d'Orel. Son roman, *L'artiste perruquier*, relate les amours malheureuses du coiffeur Arkadi avec l'actrice Lioubov que convoite son maître, le comte Kamenski.

Premières salves révolutionnaires

En décembre 1825, un groupe d'officiers, aspirant à l'abolition du servage et à l'introduction d'un gouvernement représentatif, profite de la confusion provoquée, à la mort d'Alexandre Ier, par la secrète renonciation au trône de l'héritier, Constantin. Son frère cadet, Nicolas, est appelé à la succession. Le 14 décembre, alors que les troupes de Saint-Pétersbourg se préparent à prêter serment à Nicolas Ier, les conjurés tentent d'en soulever une partie. Sans succès. La révolte est bientôt matée. On fait le compte des « meneurs » : cent vingt et un hommes. Ils sont jugés ; cinq sont condamnés à mort par pendaison, les autres à divers temps d'enfermement dans les bagnes de Sibérie. Avec les décembristes, commence l'histoire révolutionnaire de la Russie.

Parmi les conjurés, le colonel Paul Pestel recommande une nouvelle voie de développement. Il expose son programme dans un ouvrage : *La Justice russe*. Souhaitant la disparition du régime monarchique, il propose de transformer la Russie en république.

> « L'esclavage doit être anéanti une bonne fois, la noblesse doit impérativement renoncer pour toujours au répugnant privilège de posséder d'autres hommes. »

Par voie de conséquence, il préconise la suppression de tous les ordres :

> « Le terme même de noblesse doit disparaître et ses membres rallier la composition d'ensemble de la société russe. »

Le premier à prendre conscience de cette voie nouvelle de développement sera Mikhaïl Bakounine. Fils de bonne noblesse, officier d'artillerie démissionnaire, disciple de Hegel, se liant à Paris avec Michelet, Lamennais et Proudhon, impliqué dans les révolutions de 1848-1849, arrêté, condamné à mort en Allemagne et en Autriche, Bakounine est déporté en Sibérie. Il s'évade jusqu'à Yokohama, reparaît à Stockholm, toujours en retard d'une révolution, seconde les Polonais en 1863, catéchise Florence et Naples en 1864, la Suisse romande un peu plus tard. Accusé d'espionnage au Congrès de Bâle en 1869, agitant Lyon et Marseille en 1871, il est exclu par Marx de l'Internationale en 1872.

Alexandre Herzen est séduit par ce personnage extravagant à qui rien ne résiste.

> « Grand nomade, grand vagabond… portant en soi l'étoffe d'un agitateur, d'un tribun, d'un prédicateur, d'un chef de parti, d'un soldat… conservant religieusement toutes les habitudes de la patrie, c'est-à-dire de sa vie d'étudiant moscovite… marchant avec des bottes de sept lieues à travers les monts et les mers, les années et les siècles. »

La doctrine de Bakounine propose la destruction des classes possédantes et l'expropriation de leurs terres.

Dans l'émigration, Bakounine rédigera un recueil intitulé : *La cause du peuple, Romanov, Pougatchev ou Pestel.* Le vieux révolutionnaire est persuadé de l'opportunité d'une « révolution d'en haut, sur un geste du tsar ».

Il incite Alexandre II à convoquer un *zemski sobor*, des États généraux de la Russie, afin de recueillir l'accord du peuple pour les réformes à venir. Trois voies sont possibles : Romanov, Pougatchev ou un nouveau Pestel. « Parlons net, écrira Bakounine en 1862, nous suivrions plus volontiers Romanov, si Romanov pouvait et voulait se transformer d'empereur pétersbourgeois en tsar du peuple tout entier. » Là est le principe essentiel :

> « Veut-il être le tsar russe populaire Romanov ou l'empereur pétersbourgeois Holstein-Gottorp ? Dans le premier cas de figure, lui seul, car le peuple russe le reconnaît encore, est en mesure d'accomplir et de mener à bien une grande révolution pacifique, sans verser une goutte de sang russe ou slave. »

Mais si l'empereur trompe les espoirs de la Russie, celle-ci sera entraînée dans un cataclysme. Mikhaïl Bakounine s'interroge : dans quelle direction évoluera le mouvement et qui le conduira ?

> « Un tsar imposteur, un Pougatchev, ou un nouveau Pestel dictateur ? Si c'est un Pougatchev, Dieu lui accorde le génie politique d'un Pestel car, sans lui, il noiera la Russie et peut-être même tout son avenir dans le sang. S'il s'agit d'un Pestel, qu'il soit un homme du peuple comme Pougatchev, faute de quoi le peuple ne le tolérera pas[38]. »

La révolte des décembriste, écrira Bakounine, est « essentiellement un mouvement de la partie cultivée et privilégiée

38. Mixail Bakunin, *Izbrannye Proizvedenija*, Petrograd-Moscou, 1920.

de la Russie[39] ». L'historien Klioutchevski sera encore plus clair :

> « Les événements du 14 décembre eurent une immense signification dans l'histoire de la noblesse russe : ce fut le dernier mouvement des nobles et des militaires. »

Et de conclure :

> « Le 14 décembre mit fin au rôle politique de la noblesse[40]. »

Le règne de Nicolas Ier est celui des paradoxes. D'un côté, on assiste à la naissance des idéologies, au bouillonnement intellectuel des slavophiles et des occidentalistes, à l'essor sans précédent de la littérature, son véritable « Âge d'or ». Jamais plus, sur une période aussi courte, un si grand nombre de génies littéraires ne grandira sur le sol russe. Dans le même temps, le tsar éreinte l'œuvre de Pouchkine, envoie Lermontov à la mort dans le Caucase, expédie Herzen en exil, contraint Dostoïevski à monter sur l'échafaud avant de le gracier au dernier instant. Il crée la première police politique moderne. La Troisième Section, c'est son nom, restera à jamais le gendarme dévoué du pouvoir qui connaît tout et châtie pour le moindre écart de conduite.

En mai 1851, le gouvernement suisse livre à la Russie le criminel d'État Bakounine, coupable d'avoir pris une part active à la révolution de 1848 en Allemagne. La Suisse n'était pas tenue d'extrader le révolutionnaire à qui elle avait donné asile sur les rives du lac Léman. Mais la force de

39. Mixail Bakunin, *op. cit.*
40. Vassili Klioutchevski, *Cours d'histoire russe*, Moscou, réédition de 1958.

la Russie en Europe est trop grande. Bakounine est écroué à la forteresse Pierre-et-Paul. À l'initiative de l'empereur, le chef de la Troisième Section l'invite à rédiger une confession au tsar « comme un fils spirituel écrit à son père spirituel ».

La confession de Bakounine sera publiée pour la première fois à Moscou en 1921, suscitant une controverse parmi les historiens. Aux uns, elle révélera son regret d'avoir appartenu à la mouvance révolutionnaire. D'autres historiens y verront la ruse d'un adversaire de l'autocratie, animé de l'intention d'abuser son geôlier.

Lisant la confession du prisonnier, Nicolas note ses réflexions en marge. Il approuve tout ce qui concerne l'Occident. Bakounine écrit qu'en Europe occidentale dominent la vétusté, la faiblesse, l'incrédulité, la corruption, que nul ne fait confiance à personne. Et Nicolas répond : « Stupéfiante vérité. » Bakounine s'en prend au Parlement de Francfort et Nicolas commente : « Magnifique ! » Bakounine évoque l'apparition du communisme sous la forme d'une organisation secrète, invisible, insaisissable, mais présente dans toutes les sphères de la société russe, et Nicolas conclut : « Juste. »

Mikhaïl Bakounine tente de rassurer l'empereur en lui expliquant que le communisme est le produit du système politique et économique de l'Europe occidentale. Et il souligne : de l'Europe occidentale seulement car, selon lui, en Orient et dans les États slaves, le communisme n'a aucun avenir.

Le prisonnier s'adresse familièrement à son geôlier, lui exposant sa conception du gouvernement.

> « Je pense qu'en Russie plus qu'ailleurs il faut un pouvoir dictatorial fort, uniquement soucieux d'élever et d'éclairer les masses populaires ; un pouvoir libre

> d'orientation et d'esprit, mais sans parlementarisme ; autorisant la parution d'ouvrages au libre contenu, mais sans liberté de publication ; entouré de compagnons d'idées, éclairé par leur conseil, renforcé par leur libre coopération, mais qui ne soit limité par rien, ni personne[41]. »

Relevons que dans le modèle de gouvernement proposé par Bakounine, tout est déjà formulé dans la *Justice russe* de Paul Pestel. En émigration, Alexandre Herzen assure qu'il n'y aura jamais de constitution en Russie, et qu'un libéralisme tempéré n'y fera pas souche. C'est trop « petit » pour la Russie, affirmant :

> « La Russie ne sera jamais juste milieu. »

Ayant lu la confession de Bakounine, Nicolas la communique à l'héritier, Alexandre, assortie de cette remarque : « Il faut que tu la lises ; c'est fort curieux et instructif. »

Nicolas se méfie de Bakounine mais il redoute plus encore un cercle formé autour d'un fonctionnaire du ministère des Affaires étrangères, Mikhaïl Petrachevski. Ce cercle, composé de jeunes fonctionnaires et d'hommes de lettres, se réunit pour réfléchir à la philosophie de Fourier. Des agents de la Troisième Section surveillent ce groupe d'intellectuels. Dans la nuit du 22 au 23 avril 1849, plusieurs dizaines de personnes sont appréhendées. L'instruction échoue à prouver les agissements criminels du groupe. Cependant, contre toute logique judiciaire, quinze des accusés sont condamnés à mort. Parmi eux se trouve le

41. *Materialy dlja biografii M. Bakunina*, sous la direction de V. Polonskij, Moscou-Petrograd, 1923-1933.

lieutenant de génie en retraite et homme de lettres, Fiodor Dostoïevski. Tandis qu'on donne la lecture du jugement aux condamnés et qu'on entreprend le simulacre de l'exécution, un messager du tsar annonce que leur peine est commuée en travaux forcés.

Stefan Zweig, dans un poème décrivant cette scène tragique, imagine qu'en entendant la lecture de la sentence, Dostoïevski aurait eu sa première crise d'épilepsie. L'écrivain partira pour les mines de Sibérie. Il en rapportera ses douloureux *Souvenirs de la Maison des morts*.

II
LA LIBÉRATION D'EN HAUT

À l'occasion de son couronnement, un an après la mort de son père, Alexandre II, s'adressant à la noblesse de Moscou, prononce la phrase fameuse :

> « Mieux vaut prendre l'initiative d'abolir le servage d'en haut que d'attendre que cette initiative vienne d'en bas. »

Un nouvel état d'esprit

Le 18 mars 1856, un traité de paix est conclu à Paris, mettant fin à la guerre d'Orient. Il entérine la défaite de la Russie et met à mal son influence dans les Balkans et au Proche-Orient. Les dispositions visant à neutraliser la mer Noire – ce qui revient à y interdire l'exploitation d'une flotte de guerre – sont particulièrement humiliantes pour les Russes.

La guerre de Crimée révèle au grand jour la crise profonde que traverse l'autocratie russe sur les plans économique, social et politique. Le gouvernement est débordé par un raz-de-marée de projets longtemps contenus, ceux des slavophiles et des occidentalistes, ceux des partisans avoués ou honteux du servage, des propriétaires qui, de la terre ou des hommes, s'efforcent de conserver ce qui leur est le plus profitable et de négocier ce qui a le plus de valeur pour eux.

Le manifeste annonçant la cessation des hostilités et le contenu de l'accord de paix évoque implicitement la nécessité de s'attaquer aux problèmes intérieurs et en premier lieu au servage. Mais Alexandre doit faire face aux mêmes difficultés que celles rencontrées par son père dans les nombreux comités secrets qu'il a créés. Faut-il libérer les paysans et, dans l'affirmative, avec ou sans terre ? Comment indemniser les propriétaires terriens, socle de l'autocratie, pour la perte de leurs revenus ?

Alexandre comprend que la réforme de la condition paysanne est inéluctable. Il garde en mémoire la lettre que lui a adressée Herzen en mars 1855 :

> « Donnez la terre aux paysans. Elle leur appartient malgré tout. Lavez la Russie de la tache honteuse du servage. Guérissez les cicatrices noires sur le dos de nos frères… Hâtez-vous ! Sauvez le moujik des crimes futurs, épargnez le sang qu'il devra verser. »

Ces mots graves s'imprègnent profondément dans l'esprit du souverain. Il faut en effet se hâter car la colère gronde dans les isbas, susceptible de provoquer des soulèvements insurrectionnels. Alexandre ordonne que lui soient transmis tous les écrits que ce Russe publie à l'étranger.

Les relations entre le tsar et l'exilé politique de Londres ne tarderont pas à se gâter. Observons cependant qu'Herzen n'est pas le seul à placer ses espoirs dans la personne d'Alexandre. Après la mise en place des comités devant réfléchir à l'abolition du servage, de nombreuses personnalités se rallient à la mansuétude du souverain. Jusqu'au futur idéologue de la révolution, Nikolaï Tchernychevski, qui écrit dans la revue *Le Contemporain* :

> « L'histoire diffère depuis cette année de tout ce qui précéda. ... La vie nouvelle qui commence pour nous sera plus belle, mieux organisée, plus brillante et plus heureuse que l'ancienne... La bénédiction promise aux pacificateurs et aux hommes bienfaisants couronne Alexandre d'un bonheur qui ne fut connu par aucun souverain d'Europe, celui de commencer seul et d'achever la libération de ses sujets. »

Herzen n'est pas moins élogieux.

> « Le nom d'Alexandre appartient désormais à l'histoire ; si demain son règne doit finir, et s'il doit tomber sous les coups de quelques factieux, de quelques oligarques, défenseurs rebelles de la corvée et des verges, l'émancipation des serfs aura quand même été accomplie par lui, nul ne l'oubliera. »

Outre l'*intelligentsia*, des membres de la famille impériale et de brillants fonctionnaires encouragent le souverain dans la voie de l'abolition du servage. Le slavophile Constantin Aksakov remet à Alexandre II un long mémoire sur l'état intérieur de la Russie. Il y condamne les réformes de Pierre le Grand, qualifié de despote. Il y explique que tout le mal provient d'un système fondé sur l'oppression, bridant les libertés, et notamment la liberté d'expression. Il convient donc d'en revenir aux principes traditionnels régissant la société russe avant que la décomposition ne s'empare du corps national tout entier. Il faut donner à l'opinion publique la possibilité de s'exprimer librement, en adoucissant les rigueurs de la censure.

Un autre maître du mouvement slavophile, Kochelev, est encore plus incisif :

> « Que le tsar convoque à Moscou le vrai cœur de la Russie, les élus de toutes les provinces, qu'il les incite à exposer les besoins de la patrie et nous sacrifierons nos vies et tous nos biens pour le salut du pays. »

À son tour, le professeur Pogodine supplie le souverain de réunir un *zemski sobor*, des états généraux de la Russie, pour débattre de l'urgence d'abolir le servage.

Deux membres de la famille impériale tentent d'infléchir les positions sinueuses du tsar : sa tante, la grande-duchesse Hélène, et son frère cadet, Constantin. Élevée à la cour du Wurtemberg, Hélène, la veuve du grand-duc Michel, a toujours séduit son entourage par la sûreté de ses goûts artistiques et par l'étendue de ses connaissances. Jugée trop intellectuelle, elle est peu écoutée sous le règne de Nicolas Ier. Devenue l'aînée de la famille, elle veut faire avancer ses idées dans l'entourage d'Alexandre. Familière de Schiller et de Goethe, elle juge que l'abolition du servage est un hommage rendu à la dignité humaine.

Le grand-duc Constantin partage les opinions de sa tante. Il a été formé aux mêmes idéaux que son frère par Vassili Joukovski, lui écrivant :

> « Les princes doivent comprendre leur temps, ils doivent se hisser à la hauteur de leur siècle. ... Le mouvement est une chose sacrée ; tout évolue en ce monde et tout avance. L'immobilité, c'est la mort ; celui qui veut arrêter le mouvement est destiné à périr. »

Promu amiral de la flotte, Constantin abolit la peine corporelle s'appliquant aux matelots. Tout au long de sa vie, il agira en faveur de la libération des serfs.

Alexandre II est hésitant car il appréhende par-dessus tout une révolte paysanne, ainsi que le notera, entre autres, un historien soviétique[42]. Cependant, un événement contribue à élargir sa réflexion. Durant un séjour aux eaux de Kissingen en Allemagne, l'empereur reçoit un mémoire du baron de Haxthausen. On y lit :

> « L'émancipation des serfs n'est pas seulement un problème spécial pour la Russie ; il est de la plus haute importance pour toute l'Europe. Cette conviction s'accroît en moi chaque jour... Nous vivons à une époque où les idées n'ont pas besoin de siècles pour se répandre et aucun peuple ne saurait se soustraire à leur influence. Je le dis pour rappeler que la Russie n'a pas la possibilité de s'arrêter à mi-chemin : le gouvernement doit participer d'une façon active à la solution d'un problème qui concerne l'existence même de la nation afin que les événements ne le devancent pas et n'exigent des concessions qui aboutiraient à la chute même de ce gouvernement. »

En annonçant aux maréchaux de la noblesse, le 30 mars 1856, une réforme de la condition paysanne, Alexandre sait que cette noblesse, pilier de l'empire, est largement réfractaire à tout changement. Il sait aussi que plusieurs membres du courant slavophile, et parmi eux Kochelev, Samarine, le prince Tcherkasski, sont des défenseurs convaincus de l'émancipation des serfs.

---

42. P. A. Zajonckovskij, *Ot ména krépostnogo prava v rossii*, Moscou, 1960.

Publiciste anglais et bon connaisseur de la Russie, Mackenzie Wallace confirme que la noblesse n'est pas prête à accorder la liberté aux paysans. Il brosse des portraits pittoresques de ces barines qui se laissent aller à la plus complète oisiveté, contemplant de leurs fenêtres les allées et venues de leurs paysans dans la cour du domaine et qualifiant d'aliénés ceux qui osent envisager devant eux la possibilité même d'une émancipation[43].

À la recherche d'un compromis

La réforme de la condition paysanne rencontre de fortes oppositions. De nombreux nobles redoutent que le projet d'abolition du servage n'aboutisse à la perte de leurs droits, de leur richesse et partant, de leur influence. Aussi bien d'innombrables réclamations sont-elles adressées à l'empereur.

La situation agraire de la Russie est d'une telle complexité qu'une réforme ne peut s'appliquer uniformément à toutes les régions. Dans le nord, la terre a peu de valeur, c'est l'homme qui en a. La redevance y est plus répandue que la corvée. Si bien que les propriétaires du nord sont disposés à céder leurs terres, mais au-dessus de leur valeur réelle, en compensation du prix des hommes qu'ils n'osent réclamer. Dans le sud, au contraire, la terre a de la valeur tandis que l'homme en a peu. Dans ce contexte, les propriétaires ne s'opposent pas à la liberté personnelle de leurs serfs, mais ils entendent leur concéder le moins possible de terres.

Dans toutes les régions, la noblesse veut obtenir des compensations pour les sacrifices qu'elle consent. Elle espère

43. Sir Donald Mackenzie Wallace, *Russia on the eye of War and Revolution*, Londres, 1877.

retrouver une influence politique qui la dédommagerait de la perte de ses propriétés agricoles. Par là, on restaurerait l'ancienne participation des boyards à la direction des affaires de l'État. La noblesse se déclare favorable à ce qu'un régime aristocratique, se rattachant à la tradition de la vieille Russie, se substitue au régime autocratique imposé par Pierre le Grand.

Convaincu de l'urgence d'une réforme de la condition paysanne, Alexandre écrit à sa tante, la grande-duchesse Hélène, à la fin de 1856 :

> « J'attends de tous les propriétaires bien-pensants qu'ils me disent eux-mêmes dans quelle mesure ils jugent possible d'améliorer le sort de leurs paysans. »

Les opposants de la noblesse brandissent un épouvantail qu'ils désignent sous le nom de *Pougatchovchtchina*, inéluctable dès lors qu'on aura octroyé la liberté aux paysans. Le général Rostovtsev explique sans détour aux membres de la commission de rédaction, le 23 novembre 1859 :

« Je suis persuadé que si l'on procède d'une manière générale à un retranchement des terres occupées actuellement par les paysans, c'est une *Pougatchovchtchina.* » Le même argument se retrouve sous la plume de Léon Tolstoï qui analyse les moyens d'accorder des terres aux moujiks sans ruiner le barine. « Le temps presse, écrit-il au ministre Bloudov... Si, dans six mois, les serfs ne sont pas libres, c'est l'incendie. Tout est prêt pour cela[44]. »

Beaucoup redoutent un exode des paysans vers les terres du sud ou vers les centres d'industrie et de commerce. Cette

---

44. Lettre de Tolstoï au ministre Bloudov, le 9 juin 1856, citée par Henri TROYAT, *Tolstoï*, Paris, 1965.

crainte explique en partie la décision de transférer les terres à la commune villageoise, le *mir*, plutôt qu'au paysan en tant que propriétaire individuel.

Une grande innovation prônée par l'empereur consiste à associer la noblesse récalcitrante aux travaux de réflexion sur l'avenir de la paysannerie.

> « Autoriser le ministère de l'Intérieur, lit-on dans la résolution du Comité secret du 18 août 1857, à réclamer non seulement des informations mais aussi l'avis, des idées et des propositions aux responsables de gouvernements, gouverneurs et maréchaux de la noblesse, aux propriétaires terriens expérimentés et, en général, à tous ceux dont les connaissances pratiques peuvent être utiles, d'une part pour définir les grandes orientations, d'autre part pour mettre au point les détails des mesures transitoires[45]. »

Quatre ans durant, il faut un travail acharné des cadres dirigeants de Saint-Pétersbourg pour parvenir à un acte libérant les serfs. Cet acte est mûri en quatre phases : création d'un Comité secret appelé à se muer en Comité central pour les affaires paysannes ; constitution de comités consultatifs de la noblesse provinciale ; mise en place d'une commission chargée de procéder à la synthèse des opinions exprimées ; renvoi du projet de réforme au Comité central puis au Conseil de l'Empire pour approbation.

Membres de droit du premier Comité secret, les proches collaborateurs de Nicolas Ier, les Orlov, les Gagarine, les Panine, sont ouvertement opposés à une réforme de la

45. *L'ancien régime et la révolution russes*, Baron Boris Noldé, historien français d'origine russe, Paris, 1928.

condition paysanne. Pour contrer leur influence, Alexandre leur adjoint son homme de confiance, le général Rostovtsev.

Ce choix est controversé parce que, dans sa jeunesse, poussé par un devoir de loyauté, Rostovtsev avait avisé Nicolas Ier, à la veille du soulèvement décembriste, de l'existence d'une conjuration. En réalité, l'homme n'est pas un traître, il n'a pas livré un seul nom.

L'empereur porte la plus grande attention aux avertissements de Rostovtsev :

> « Du point de vue du droit civil, toute la réforme envisagée est injuste d'un bout à l'autre puisqu'elle atteint le droit de la propriété privée. Mais si on se place sur le terrain de l'État et du droit public, elle est légitime, nécessaire et sacrée. ... Si nous craignons de faire de la peine à la noblesse, nous ne ferons jamais rien. ... Si vingt-deux millions de Russes leurrés pendant deux ans par l'espoir de l'émancipation étaient trompés et déçus, ils perdraient confiance en le pouvoir suprême et attribueraient aux seigneurs leur déception : ce n'est pas ainsi que la Russie trouvera son salut. »

Le Comité secret ne tarde pas à admettre que le servage est un mal endémique dont il faut se débarrasser quoi qu'il en coûte. Encore doit-il préciser si l'émancipation des serfs s'accompagnera ou non d'une allocation de terres à leur profit. Le prince Gagarine, représentant le plus résolu des esclavagistes, prétend que l'octroi de terres aux paysans aboutirait au déclin inéluctable de l'agriculture.

Le tsar reconnaît que ne peut subsister un système féodal rassemblant plusieurs dizaines de millions de serfs vivant dans la misère. Par les rapports de police qui lui sont remis, il sait que le peuple des campagnes attend de lui une réforme en profondeur. La rumeur d'une prochaine émancipation des serfs se répand parmi les classes paysannes, suscitant de l'impatience et même une certaine appréhension.

Pour mettre un terme à l'indécision du Comité secret, l'empereur nomme un nouveau membre, reconnu pour ses idées libérales, son propre frère Constantin. Quelques maigres progrès sont réalisés sous l'autorité du grand-duc, mais ils sont insuffisants : le principe d'une attribution généralisée de terres aux paysans est rejeté. Pour vaincre les résistances et donner un second souffle à son entreprise, Alexandre transforme le Comité secret, le 8 janvier 1858, en « Comité central pour affaires paysannes appelé à étudier les projets concernant le servage ». Il charge cette instance d'étudier les mémoires rédigés par la noblesse provinciale. Mais, en son sein, des points de vue opposés vont de nouveau s'affronter.

Les grands propriétaires terriens et les nobles de moindre condition demeurent des adversaires de la réforme, les premiers parce qu'ils craignent d'être dépossédés de leurs privilèges, les seconds parce qu'ils n'ont pas les moyens de s'engager dans la voie d'une exploitation productive de leurs domaines. Cependant, au sein de cette noblesse, une minorité influente croit au progrès que générera l'émancipation. « Ces gens, déclare le gouverneur de Vladimir, espèrent que la réforme, dont ils reconnaissent entièrement la nécessité, calmera les esprits, établira des rapports clairs entre propriétaires et paysans et provoquera en définitive une hausse du prix de la terre. » Dans la province de Tver, une grande majorité de nobles se déclare favorable à une attribution de terres aux paysans.

Les messages destinés à l'administration centrale font leur chemin. Lanskoï, le vieux ministre de l'Intérieur, adopte une nouvelle conduite. Il engage comme plus proche collaborateur un homme éminent qui lui est recommandé par la grande-duchesse Hélène, Nicolas Milioutine. L'ambassadeur de France à Saint-Pétersbourg écrit de lui :

> « Doué d'une indomptable énergie et d'une puissante faculté de travail, il est de ceux, bien rares en ce pays, qui ont un système, un plan arrêté et qui savent jusqu'où ils veulent et peuvent en conduire la réalisation[46]. »

Milioutine appartient à la noblesse de modeste extraction. L'un de ses ancêtres a fondé, avec les encouragements de Pierre le Grand, la première manufacture de soierie en Russie. Ayant fait toute sa carrière dans l'administration, Milioutine donne l'exemple du fonctionnaire dévoué, ennemi intransigeant d'une aristocratie pervertie. Animé d'un grand sens de l'État, il réunit auprès de lui des disciples décidés à imposer l'émancipation, entre autres Youri Samarine et le prince Tcherkasski. Il s'impose comme le membre influent de deux commissions chargées par le Comité central de définir les fondements juridiques de la réforme.

À la fin de juillet 1859, quarante-quatre comités provinciaux achèvent la rédaction de leurs avis. Leurs représentants, convoqués à Saint-Pétersbourg, s'opposent de nouveau. L'esclavagiste Bezobrazov interpelle le souverain, accusant la bureaucratie de vouloir imposer un régime constitutionnel. Le souverain répond :

46. Le baron de Talleyrand au marquis de Moustier, 10 décembre 1866, Archives du Quai d'Orsay. Nos citations des Archives du Quai d'Orsay sont tirées d'un ouvrage de Constantin de Grunwald, *Le tsar Alexandre II*, Berger-Levrault, Paris, 1963.

> « Pour commencer, il faut maîtriser Bezobrazov lui-même. Si ces messieurs s'imaginent pouvoir m'effrayer par leurs démarches, ils se trompent. Je suis trop convaincu de la justesse de notre sainte cause pour que quiconque puisse m'arrêter. Faites comme moi, ne perdez pas courage. »

C'est à ce moment que le plus proche collaborateur du tsar disparaît. Surmené par un travail harassant, exaspéré par les calomnies, Rostovtsev rend l'âme dans les bras de son souverain. À l'instant de son dernier souffle, il murmure : « Sire, ne vous laissez pas intimider. »

Pour lui succéder, l'empereur sollicite les services du comte Panine, ministre de la Justice. Mauvais choix. Ce vieux compagnon de Nicolas Ier est un bureaucrate esclave de ses habitudes, prétentieux, d'humeur maussade, méprisant à l'égard du peuple paysan, servile à l'égard de ceux qui peuvent appuyer utilement sa position. Bref, Panine ne possède aucune des qualités requises pour la mission qui lui est confiée.

À leur achèvement, les projets de la commission rédactionnelle doivent être proposés à l'examen du Comité central dont le président, le prince Orlov, est guetté par la décrépitude du vieil âge. Pour le remplacer, le tsar fait appel au grand-duc Constantin. Cette nomination d'un partisan de Nicolas Milioutine est interprétée comme un succès des réformateurs. Et effectivement, à l'issue de quatre séances, Constantin parvient, le 26 janvier 1861, à obtenir une majorité. Alexandre est présent à la dernière séance :

> « Je désire, j'exige et j'ordonne que tout soit terminé au 15 février. Vous ne devez pas oublier, Messieurs,

> qu'en Russie c'est le pouvoir autocratique qui élabore et publie les lois. »

Trois jours plus tard, le projet du Comité central est soumis à l'approbation du Conseil de l'Empire. « Laissant de côté vos intérêts personnels, déclare l'empereur, vous devez agir non pas comme des propriétaires mais comme des dignitaires de l'État revêtus de ma confiance. » Alexandre expose à la haute assemblée l'architecture du projet de réforme avec une parfaite maîtrise des enjeux. « Ce discours, note un observateur, l'a placé loin au-dessus de tous ses ministres et des membres du Conseil. »

Le 19 février 1861, Alexandre II signe le manifeste historique portant l'abolition du servage en Russie.

L'acte d'émancipation des serfs

Le rescrit impérial est lu par le tsar au Grand Manège, devant les détachements de la Garde. La foule massée à l'extérieur, encore sceptique, demeure réservée. Mais, dans l'après-midi, lorsque l'empereur assiste à une fête populaire au Champ de Mars, il est accueilli par un tonnerre d'applaudissements. Alexandre peut se dire : « C'est le jour le plus heureux de ma vie. » Une semaine durant, les manifestations de joie se poursuivent. Ils sont vingt mille serfs à se presser sur la place du Palais pour offrir à l'empereur le pain et le sel.

Un manifeste rédigé par le métropolite de Moscou, Philarète, est lu dans toutes les églises de Russie. Il se termine par ces mots :

> « Fais le signe de la croix, peuple orthodoxe, et appelle avec nous la bénédiction de Dieu sur ton travail

> désormais libre, gage de ta prospérité domestique et du bien public. »

L'empereur reçoit le surnom d'Osvoboditel, le libérateur. De nombreuses gravures répandent sur l'ensemble du territoire et aussi hors de Russie les scènes de la proclamation de l'abolition du servage. On y voit des paysans se précipitant aux pieds de leur pope ou accourant à Saint-Pétersbourg pour guetter, devant le palais impérial, le passage de l'empereur et lui exprimer à genoux leur gratitude.

Herzen ne contient pas son enthousiasme :

> « Alexandre II a fait beaucoup, énormément ; son nom est, dès maintenant, plus glorieux que celui de tous ses prédécesseurs. Il a combattu au nom des droits de l'homme, au nom de la pitié, la foule avide des scélérats endurcis, et les a brisés ! Le peuple russe et l'Histoire universelle ne l'oublieront jamais. De notre exil lointain, nous le saluons du nom, qui se rencontre rarement dans l'histoire de l'autocratie sans provoquer des sourires amers, du nom, dis-je, de Tsar libérateur. »

Le servage tombe mais la perception féodale demeure. Les paiements de rachat remplacent les redevances de jadis. La corvée est supplantée par l'obligation où se trouve le paysan, pour s'acquitter de sa dette, de travailler la terre du seigneur. Les rapports juridiques entre propriétaires et moujiks changent mais le contenu économique de ces rapports reste immuable : il conduit à maintenir sous une autre forme le servage, cette « éternité paysanne », selon une expression du XVIIIe siècle.

La classe dirigeante a différé la solution de la question agraire. Elle l'a aussi rendue plus aiguë par les insuffisances de la réforme. En acculant les paysans à la misère, elle a ouvert la voie aux jacqueries futures et à la liquidation de l'ancien régime.

Alexandre II ne recueille aucun bénéfice d'une décision qui enlève à l'absolutisme son meilleur étai, le servage. Deux ans après la publication du manifeste, l'empereur noie dans le sang la révolte polonaise. Et Herzen qui le saluait du nom de « Tsar libérateur », au lendemain du 19 février 1861, l'apostrophe en termes cinglants :

> « Alexandre Nicolaevitch, pourquoi n'êtes-vous pas mort ce jour-là ? Votre nom aurait été transmis à la postérité comme celui d'un héros. »

Contemporains et historiens sont réservés sur le contenu des réformes entreprises sous le règne d'Alexandre II. Vassili Klioutchevski résume les critiques adressées à l'empereur :

> « Toutes ses grandes réformes, effectuées avec un impardonnable retard, furent conçues dans un esprit de générosité, élaborées à la hâte et réalisées sans grande conscience, à l'exception peut-être des réformes judiciaire et militaire[47]. »

L'historien rapporte ses réflexions dans son journal le 24 avril 1906, après la première révolution russe.

À la fin du XXe siècle, Nathan Eidelman analyse les implications politiques de ces transformations. L'historien écrit :

> « Du point de vue révolutionnaire et démocratique, ainsi que du point de vue paysan, la réforme, indubi-

47. V.O. Kljucevskij, *Literaturnye portrety*, Moscou, 1991.

> tablement, pouvait, devait être meilleure ; il convient toutefois de se représenter clairement qu'elle eût pu être également bien pire[48]. »

L'historien porte sur les réformes d'Alexandre II un regard propre à éclairer les perspectives de la *perestroïka* engagée dans l'Union soviétique de 1985.

La mort de Staline renvoie à celle de Nicolas Ier. Le mot « dégel », évoquant l'atmosphère des années 1960, est emprunté au vocabulaire de Herzen, rappelant le climat régnant en Russie après la disparition de l'empereur. Le terme de *perestroïka*, lui, est extrait du dictionnaire politique du temps des grandes réformes, de même que celui de *glasnost*. Les deux fondements de la perestroïka d'Alexandre II, révolution décrétée « d'en haut » par un pouvoir autocratique et participation de la bureaucratie, sont réunis dans la perestroïka de Mikhaïl Gorbatchev. Cette parenté suggère que des changements étaient possibles en URSS, comme ils le furent dans la Russie d'Alexandre II.

On reproche à l'acte de 1861 sa composition inachevée, son défaut de cohérence et de nombreuses faiblesses. Sans doute était-ce inévitable car le rescrit impérial est l'aboutissement d'un compromis visant à vaincre les résistances.

La réforme paysanne comporte quatre points fondamentaux. Le premier est la libération individuelle, sans droit de rachat, de vingt-deux millions de paysans. Selon le recensement de 1858, la population de Russie est alors de soixante-quatorze millions d'habitants. Désormais les paysans sont libres, en mesure de se marier sans l'autorisation de leurs propriétaires, de choisir la profession dans laquelle ils souhaitent engager leurs enfants. Le second

48. Natan Ejdel'man, « Revoljucija sverxu » v rossii, Moscou, 1989.

point est le droit reconnu au paysan de racheter la terre sur laquelle se trouvent sa maison et son enclos. Le troisième point concerne les lopins de terre qu'il cultive, labours, fourrages, pâtures, et qu'il peut racheter en accord avec son propriétaire. Le dernier point a trait aux terres rachetées aux propriétaires terriens. Celles-ci appartiennent non pas aux paysans individuellement mais à la communauté villageoise, le *mir*. C'est elle qui autorise ou non le paysan à quitter sa terre. Un système d'autogestion s'instaure dans les campagnes dès lors que les propriétaires sont privés de leurs anciennes prérogatives. Une banque paysanne est habilitée à consentir des prêts pour quarante-neuf ans. Des médiateurs du *mir* tentent de favoriser des accords entre propriétaires et paysans.

Ajoutons que les règles d'attribution des terres varient d'une région à l'autre. De nombreuses zones sont créées. Pour chacune, on établit une superficie minimum dont le paysan peut exiger du propriétaire la vente et une superficie maximum au-delà de laquelle le propriétaire peut refuser la vente. Ces dispositions doivent assurer une garantie raisonnable pour les droits de chacun et empêcher que la réforme agraire ne conduise à une expropriation pure et simple des propriétaires. Mais dans la réalité, c'est rendre l'application de la réforme d'une extrême complexité et décourager les paysans d'en rechercher le bénéfice.

Une autre opportunité est proposée aux paysans, introduite en fin des délibérations par le prince Gagarine. Selon elle, le propriétaire peut céder le quart de sa terre immédiatement, sans prétendre à la moindre redevance. C'est un don qui le dispense de vendre une plus grande quantité de terres. Cette allocation reçoit le nom de « part du mendiant » car elle apparaît plus comme une aumône que comme un don. En l'acceptant, le paysan se condamne à une existence dépourvue de perspectives. Mais la complexité de la réforme l'incite à s'en remettre à cette mesure, s'estimant quitte vis-à-vis de son propriétaire comme vis-à-vis de l'État. En définitive, cette «part du mendiant» s'avérera tragiquement insuffisante pour la vie d'un ménage.

Conséquence de la réforme agraire, la situation des paysans empire, soit qu'ils ne peuvent procéder au rachat des terres auxquelles ils ont droit, soit qu'ils se retrouvent avec une superficie de terres plus restreinte qu'auparavant.

L'économiste Leonide Khodski met en évidence ces insuffisances. Il calcule que 13 % des anciens serfs sont généreusement dotés ; 45 % reçoivent des lots qui leur permettent de faire vivre leurs familles et de maintenir une exploitation viable ; mais 42 % n'eurent que des lots insuffisants. L'écrivain soviétique Liachtchenko résume ainsi la situation :

> «Les propriétaires, soit trente mille nobles, restaient maîtres d'environ 95 millions de dessiatines des meilleures terres au lendemain de la réforme tandis que vingt millions de paysans "libérés" se partageaient 116 millions de dessiatines de terres cultivables[49].»

Ce n'est pas tout. Le tracé des lots concédés aux paysans est d'une extrême complexité. Il n'est pas attribué de domaines d'un seul tenant mais quantité de parcelles sans liens géographiques entre elles. Aucun remembrement des terres n'est prévu. Les parcelles cédées aux paysans, celles conservées par les propriétaires s'enchevêtrent. Pour disposer d'une exploitation rentable, les paysans doivent

---

49. Cité par Nicholas Riasanovsky, *Histoire de la Russie*, Robert Laffont, édition de 1992.

affermer des parcelles contiguës aux leurs, mais à des conditions financières exorbitantes.

Le résultat est tragique. Avant la réforme, les paysans exploitaient en moyenne 3,7 dessiatines par âme ; après la réforme ils n'en exploitent plus que 3,2. En outre, les propriétaires se sont réservés les meilleures terres.

La commune villageoise préservée

Ainsi que le pensent slavophiles et occidentalistes, la commune paysanne est la gardienne des vertus particulières du peuple russe. Au sein de cette communauté, le paysan apparaît comme l'incarnation du peuple élu de Dieu. Il faut respecter le moujik, le révérer. Cette conception idéologique trouve son expression dans le rescrit impérial du 19 février 1861.

La commune villageoise, l'*obchtchina*, que l'on nomme également le *mir*, est une très ancienne institution agraire. On en trouve la trace dans la Russie de Kiev. Après une période de désamour, la classe des seigneurs redécouvre, au XVIe siècle et plus encore au XVIIe siècle, le profit qu'elle peut tirer de l'*obchtchina* sur les plans financier et économique : levée de la capitation instituée par Pierre le Grand, redistribution périodique des lots, renforcement de l'autorité du maître. Cette restauration du *mir* n'a pas concerné que les serfs des propriétaires. Elle a aussi servi de modèle au gouvernement pour réorganiser les autres institutions villageoises, notamment en 1797, au début du règne de Paul Ier.

Au milieu du XIXe siècle, l'*obchtchina* est l'objet d'un regain de ferveur. Elle est perçue comme un lieu de foi, attestant du caractère exceptionnel de la Russie. Son existence est familière des paysans qui vivent en son sein et des nobles qui vivent à son compte. Les slavophiles y voient une cellule de la vie sociale dans laquelle le bien de tous l'emporte sur les intérêts de chacun.

À l'origine de cet élan de ferveur pour l'*obchtchina* se trouve le baron Auguste de Haxthausen, spécialiste, on l'a noté, des questions agraires. Il arrive en Russie trois ans après Custine et reçoit un accueil cordial de Nicolas Ier. L'empereur lui alloue une rente pour la publication d'un ouvrage précédemment cité : *Études sur la situation intérieure, la vie nationale et les institutions rurales de la Russie.*

La thèse d'Auguste de Haxthausen confirme l'existence d'un mode de vie russe que l'on ne rencontre nulle part ailleurs. L'*obchtchina* rassemble des paysans vivant dans le même village. La terre qu'ils cultivent appartient à la commune. Les lopins de terre sont régulièrement redistribués afin que chacun puisse en avoir de bons et de moins bons. Un grand principe régit la vie de la commune : l'égalité entre tous. La caution solidaire lie tous les membres de la communauté qui répondent ainsi du rejet de l'impôt par l'un d'eux.

Après l'abolition du servage par Alexandre II, l'*obchtchina* vivra encore quarante-cinq ans, jusqu'à ce que Stolypine l'enterre. Pour le présent, sa préservation s'explique par la conviction de la société russe qu'elle assure une voie particulière de développement. Aux yeux des slavophiles, l'*obchtchina* représente la spécificité du peuple russe, l'expression de son esprit collectiviste, son attachement viscéral à l'égalité. Elle garantit un idéal d'organisation sociale et répond à tous les embarras économiques qui effraient tant l'Europe occidentale.

Boris Tchitcherine est vilipendé quand il ose mettre en doute le caractère russe de l'*obchtchina* :

> «Notre commune rurale actuelle n'est d'aucune façon un attribut du peuple russe depuis le fond des âges, mais une production du servage et de la capitation.»

En écrivant ces lignes, il suscite ce qu'il appelle un véritable «tintamarre».

> «Les slavophiles partirent en campagne contre moi qui avais calomnié le Rus antique[50].»

Les slavophiles ne sont pas seuls à s'engouer de l'*obchtchina*. Les occidentalistes aussi. Alexandre Herzen en est un partisan inconditionnel. Aux villages européens, il préfère les villages russes, «rangée noircie de modestes isbas de rondins, étroitement serrées les unes contre les autres, prêtes à brûler en chœur plutôt que de s'effondrer[51].»

Cet amour de l'*obchtchina* gagne bientôt les socialistes. Piotr Tkatchev, un révolutionnaire radical, l'un des maîtres à penser de Lénine, écrit à Engels en 1875 :

> «Notre peuple ... est, dans son immense majorité, pénétré des principes de la possession commune des biens ; il est, si l'on peut dire, communiste par instinct, par tradition. L'idée de la propriété collective est si bien ancrée dans la vision du peuple russe qu'aujourd'hui où le gouvernement commence à comprendre que cette idée est incompatible avec les principes d'une société bien organisée et qu'il veut, au nom de ces principes, injecter dans la conscience et la vie populaire l'idée de

50. B. Cicerin, *op. cit.*
51. A. N. Gercen, *Sobranie socinenij.*

> la propriété privée, il n'y peut parvenir qu'à l'aide des baïonnettes et du knout[52]. »

En 1880, convaincus par Tkatchev, Marx et Engels en arrivent à cette conclusion :

> « Si la Russie continue sur la voie qu'elle suit depuis 1861, elle laissera échapper la plus belle chance jamais offerte à un peuple par l'histoire et subira toutes les mésaventures les plus funestes du régime capitaliste[53]. »

Un statut particulier pour la paysannerie

Le rescrit impérial abolissant le servage accorde au paysan un statut particulier. Il précise que les terres que cultive le paysan, son enclos, sa part des surfaces de la communauté, ne sont pas sa propriété personnelle. Il ne peut ni les céder, ni les léguer, ni en obtenir la disposition en héritage. En outre, il ne peut renoncer à son « droit à la terre ». Il ne peut qu'en refuser la jouissance s'il quitte son village. À son retour, même après une longue absence, il sera juridiquement habilité à exiger sa part de terre.

Le droit du paysan à la terre ne signifie donc pas qu'il en soit devenu le propriétaire ainsi que peuvent l'être les autres classes de la société. Cette distinction stricte entre l'exploitation et la propriété des terres explique le statut juridique particulier de la paysannerie russe. Celle-ci est exposée à des sanctions pénales différentes de celles auxquelles sont soumises les autres catégories sociales. Tantôt les paysans sont châtiés moins sévèrement pour certains crimes, tantôt

52. Marks-Engels, *Sobranie socinenij.*
53. *Ibid.*

ils sont punis pour des actes peu répréhensibles. Ainsi en est-il des dépenses inconsidérées ou des abus de boisson.

Les juges de *volosts*, les districts ruraux élus par les paysans, sont fondés à les condamner aux châtiments corporels, c'est-à-dire aux verges, jusqu'à l'âge de soixante ans. Dans une lettre au tsar datée de 1898, le ministre des Finances de Nicolas II, Serguei Witte, tentera sans succès d'obtenir l'abrogation de cette disposition au motif que « les verges offensent Dieu à travers les hommes ».

Witte s'en prend aux pouvoirs spéciaux délégués aux juges de *volosts*, qui sont en contradiction avec la culture juridique et la conscience morale du pays.

> « Il est notable que si un gouverneur fait fouetter un paysan, celui-ci devra en répondre devant le Sénat, tandis que s'il s'agit d'une chicane du tribunal de *volost*, on considère qu'il doit en être ainsi[54]. »

Ce statut particulier souligne la relation originale qui lie la société russe au paysan, la conviction que celui-ci représente une valeur à part pour l'État. La terre qui lui est concédée s'analyse comme « un bien lui permettant d'assurer sa subsistance dans l'intérêt de l'État[55] ». Selon l'opinion de la société éclairée, il est recommandé de tenir les paysans en tutelle, individus proches de la nature et de Dieu.

> « À la base de ce désir d'instaurer une tutelle se trouvait la conviction que le paysan était un être simple,

54. S. Vitte, *Vospominanija*, Berlin, 1922.
55. V. V. Leontovic, *Istorija liberalizma v rossii*, Paris, 1980.

> autrement dit non corrompu, pur, qu'il était porteur de valeurs spirituelles et morales particulières[56]. »

En conséquence, l'usage ancestral du fouet par le maître a une valeur morale et éducative.

À la publication du rescrit impérial, l'État prend des dispositions pour que les paysans demeurent des cultivateurs, dépositaires des valeurs traditionnelles de la Russie. Le paysan, c'est le peuple. La société cultivée se désigne comme étant le « public ».

> « L'idée que diverses couches d'un seul et même État, écrit l'auteur de l'*Histoire du libéralisme en Russie*, puissent exister à des niveaux juridiques différents, que leurs rapports de droit puissent être fondés sur des systèmes juridiques séparés, subsiste encore après l'émancipation des paysans et ouvre par là même la voie à un élargissement du fossé entre la conscience juridique de la paysannerie et celle des autres couches sociales de l'État russe[57]. »

Le 22 décembre 1857, Alexandre Nikitenko avait noté dans son journal les impressions que lui inspirait le projet d'abolition du servage.

> « Le public redoute les conséquences du rescrit sur l'émancipation, à savoir des désordres parmi les paysans. Beaucoup n'osent pas aller dans leur campagne cet été. »

56. *Ibid.*
57. *Ibid.*

Et il conclut son analyse sur un ton chargé d'appréhension :

> « Nous sommes engagés sur le chemin des réformes dont nul ne peut actuellement, avec une parfaite exactitude, mesurer l'ampleur. La force du flot dans lequel nous nous sommes précipités nous entraînera vers des lieux que nous ne pouvons prévoir[58]. »

Avec ce mot « flot », Nikitenko trouve l'image juste. Après l'immobilisme de Nicolas Ier, la Russie d'Alexandre est emportée par le flot.

Autres réformes

Selon la volonté du tsar, l'émancipation des serfs s'accompagne d'autres transformations. La plus réussie est incontestablement la réforme judiciaire. Il est vrai que, contrairement aux autres, cette réforme n'est pas entravée par des conflits d'intérêts entre les diverses classes sociales. Elle est en outre la mieux préparée. Le 20 novembre 1864, un rescrit impérial décrète l'instauration d'une justice « rapide, équitable, bienveillante et égale pour tous ». Le pouvoir judiciaire est désormais distinct du pouvoir administratif. Les juges, pourvus de traitements sensiblement réévalués, sont déclarés inamovibles ; la procédure écrite est remplacée par des débats publics et contradictoires ; les accusés sont défendus par un avocat ; un jury est constitué pour les affaires criminelles. Dans les districts, des juges de paix, élus par les assemblées locales, statuent sur les affaires pénales et civiles qui ne requièrent pas la présence d'un magistrat professionnel.

58. A.V. Nikitenko, *op. cit.*

En 1864 est engagée la réforme de l'administration locale. Jusqu'alors le champ d'application des lois se cantonnait aux institutions n'exerçant leurs activités qu'au profit et sous le contrôle de la seule noblesse. Désormais, toutes les classes de la société sont représentées au sein des nouvelles institutions. Les propriétaires fonciers, les commerçants, les industriels, les communautés rurales élisent, pour une durée de trois ans, des délégués aux assemblées de districts. Une fois par an, les délégués de toutes les assemblées de districts d'une province se réunissent au chef-lieu. Sous la présidence du maréchal de la noblesse de la province, ils forment l'institution provinciale chargée de l'administration des affaires locales, y compris l'enseignement et les services médicaux. L'ensemble de ces organes consultatifs et de contrôle constitue le *zemstvo*.

Les *zemstvos* joueront un rôle essentiel dans le développement de la Russie. Ils contribueront à accélérer la construction des premiers chemins de fer, la naissance d'un grand nombre de banques et d'entreprises industrielles et commerciales. La jeune bourgeoisie y trouvera une structure d'accueil ouverte sur l'avenir.

Le 17 février 1995, Alexandre Soljénitsyne intervient au Congrès national de l'autogestion locale à Moscou. Il invite les dirigeants à rétablir le *zemstvo*, le qualifiant de « question centrale dans le destin de la Russie[59] ».

Outre l'administration locale, Alexandre II porte ses efforts sur les institutions scolaires et universitaires. Des universités sont créées à Odessa, à Varsovie et à Tomsk. Un libre accès aux études secondaires et supérieures s'ouvre aux femmes. Le nombre de gymnases passe de 88 à 280. En conséquence, le monopole réservé aux nobles dans l'adminis-

59. Natan Ejdel'man, *Revoljucija sverxu*, *op. cit.*

tration de l'État et des collectivités locales disparaît progressivement pour laisser place à une nouvelle génération.

En avril 1865, le joug de la censure imposée par Nicolas Ier s'assouplit. Le grand poète conservateur et monarchiste, Fiodor Tiouttchev, avait adressé en 1857 au ministre des Affaires étrangères une note intitulée : *De la censure en Russie*. Il y proposait une manière inédite d'appréhender le contrôle exercé par le gouvernement sur la presse et les œuvres littéraires.

> « La censure fait office de limite et non de guide. Or la question pour nous, en littérature comme dans tout le reste, est moins de réprimer que d'orienter[60]. »

Le nouveau règlement de la censure entérine l'opinion de Tiouttchev. On supprime la censure préalable pour les livres et pour certaines éditions périodiques. Par ailleurs, on crée la fonction de « rédacteur responsable » chargé de juger du contenu de toute publication.

Analysant la portée de ces réformes, le professeur Platonov écrit : « La vie intérieure du pays prit un caractère sans classe, démocratique. » À quoi répond l'écrivain socialiste Serguei Kravtchinski : « Demi-mesure, hypocrisie pleine de contradictions[61]. » À l'évidence, les réformes ne sont pas à la hauteur des attentes. À elle seule, la liberté ne suffit plus.

Au lendemain de l'abolition du servage, Herzen publie dans son *Kolokol* (*La Cloche*) un article intitulé : « Que faut-il au peuple ? » L'auteur répond : « Tout simplement la terre et la liberté. » Ces deux mots, « Terre et Liberté », deviendront le nom du premier parti antigouvernemental en Russie.

60. F. I. Tjutcev, *Polnoe sobranie socinenij*, Leningrad, 1957.
61. S. M. Kravtchinski, *La Russie clandestine*, préface de P.L. Lavrov, New York, 1883.

III
UN MÉCONTENTEMENT GÉNÉRAL

Beaucoup d'amertume

Les générations du XIXe siècle aspirent au changement. Les hommes des années 1820 sont convaincus de la nécessité des réformes mais leur révolte est matée par le tsar Nicolas Ier le 14 décembre 1825. Les hommes des années 1830-1840 sont des intellectuels qui se tournent vers la philosophie, imaginent des concepts idéologiques et créent des cercles de réflexion qui nourriront les débats politiques à la fin du XIXe siècle et au XXe siècle. La génération des années 1850 est bridée par la censure impitoyable qu'impose Nicolas Ier. Et pourtant, c'est à cette époque que se révèlent les plus grands talents littéraires, les Gogol, Dostoïevski, Tourgueniev, Saltykov-Chtchedrine.

Les hommes des années 1860 attendent, eux, une évolution profonde de la société russe. Comme leurs ancêtres, ils sont persuadés que des réformes s'imposent et qu'ils doivent collaborer à leur mise en œuvre. Ils se voient en acteurs d'une mission progressiste, soucieux de faire avancer la Russie et de lui permettre de rattraper son retard sur les puissances les plus à l'avant-garde. Un siècle plus tard, la génération 60 soviétique aura à cœur de poursuivre l'œuvre de ses grands anciens.

Le soulagement éprouvé à la disparition de Nicolas Ier naît de la conviction que la suite ne saurait être pire. Beaucoup espèrent que le « dégel » apportera les réformes que le pays attend dans une atmosphère de liesse. Et pourtant les premiers changements, à commencer par l'abolition du servage, suscitent de l'amertume, puis un mécontentement qui, grandissant, gagne toutes les classes de la société. Tous sont insatisfaits, les uns parce qu'ils s'appauvrissent – les propriétaires terriens –, les autres parce qu'ils ont été maltraités dans l'allocation des terres – les paysans – et à des prix exorbitants. L'appareil bureaucratique est divisé, soit que les changements sont jugés trop rapides, soit qu'ils sont jugés trop lents.

Les réformes génèrent un développement sans précédent de l'industrie du pays, notamment dans le domaine des transports par chemin de fer. De neuf cent soixante-dix-neuf verstes de voies ferrées en 1857, le réseau bondit à trois mille soixante et onze verstes en 1863. Dix-huit ans plus tard, il affichera vingt et un mille neuf cents verstes. Dans leur grande majorité, ces travaux sont réalisés par des entreprises privées[62].

Le réseau télégraphique de l'État russe accélère son extension. De deux mille verstes dans les années 1850, il progresse à soixante-quatorze mille huit cent soixante-trois verstes en 1880. Pour satisfaire des besoins croissants, la Russie conclut un accord avec le groupe américain Western Union Telegraph, en 1865, dans le but de construire une ligne télégraphique devant desservir l'Europe par le détroit de Behring, le Kamtchatka et la Sibérie.

Un observateur américain, George Kennan, effectue à cette époque un périple à travers la Sibérie, visitant ses

---

62. Michel Heller, *op. cit.*

prisons, ses transits, ses lieux de relégation. Il suit le tracé de la future ligne télégraphique. Il assure que le projet, parfaitement finalisé, échoua parce qu'une compagnie américaine concurrente était parvenue à poser un câble à travers le fond de l'Atlantique, permettant ainsi de relier l'Amérique à l'Europe[63].

Au lendemain de la guerre de Crimée, des compagnies de navigation assurent le trafic des voyageurs et des marchandises sur la mer Noire, puis sur la mer d'Azov et d'autres mers intérieures de Russie. La production de fer et de fonte, l'extraction houillère sont en expansion. Une zone industrielle se crée à Saint-Pétersbourg.

De ces progrès, la paysannerie n'en a cure. Elle constate que les conditions de rachat des terres sur lesquelles on a cédé aux revendications des propriétaires sont bien trop coûteuses et complexes, inspirant méfiance et déception. Les paysans attendaient des directives simples et claires. Ils rêvaient de l'« âge d'or », d'un rescrit du tsar qui leur attribuerait, sans bourse délier, toute la terre qu'ils exploitaient. Le manifeste de 1861 est donc considéré comme un texte apocryphe, dévoué à la cause des propriétaires nobles, altérant les convictions du souverain. La classe paysanne, répétant haut et fort : « Toute la terre est à nous », se sent trahie. Des rumeurs enflent, sans fondement. Beaucoup de paysans sont persuadés que le manifeste impérial leur a attribué des terres et que les propriétaires tentent par tous les moyens de ne pas l'appliquer.

Le déferlement de troubles paysans contre lesquels sévit l'armée est une preuve irréfutable du mécontentement. Selon un historien soviétique, on en dénombre cent soixante et un

63. George Kennan, *Tent life in Siberia and Adventures among the Koraks and the Triles in Kamtchatka and Northern Asia*, New York, 1870.

en 1859 alors que les travaux devant conduire à la réforme agraire sont loin d'être achevés. En 1861, après la promulgation du manifeste du 19 février, on enregistre mille huit cent cinquante-neuf mouvements de rébellion. Ensuite, ils sont moins nombreux, tombant à cinq cent neuf en 1863. Au total, de 1859 à 1863, l'historien soviétique recense trois mille cinq cent soixante-dix-neuf soulèvements[64].

Dans ce contexte de suspicion, des propriétaires s'efforcent de trouver un terrain d'entente avec leurs serfs. En ce sens, on trouve dans la correspondance d'Ivan Tourgueniev, en juin 1861, un témoignage qui traduit à la fois les hésitations des paysans à accepter le bénéfice d'une réforme qu'ils comprennent mal et le souhait des propriétaires de l'appliquer loyalement :

> « Une mauvaise récolte est à craindre. On s'attend à une grande sécheresse. Et puis les paysans ne sont pas disposés à venir en aide aux propriétaires pour le rachat de leurs terres. Je crains bien que, cette année-ci, il ne faille encore tout laisser dans une espèce de *statu quo*, pour leur donner le temps de réfléchir et de prendre conscience. Les conditions que je leur fais sont, sans exagération, magnifiques, pourtant il y a encore hésitation. Du reste, tout est tranquille et les conversations que j'ai eues avec mes paysans sont aussi aimables que possible[65]. »

Du côté de la noblesse, ménagée par le manifeste, il y a aussi des motifs de mécontentement. Elle se dit victime d'une

---

64. P. A. Zajonckovskij, *Krizis samoderzavija na rubeze* 1870-1880, Moscou, 1964.
65. Extrait de Séménoff, *La vie douloureuse d'Ivan Tourgueniev*, lettres à sa fille, 12 juin 1861.

vaste opération d'expropriation. De nombreux propriétaires ont contracté des dettes auprès des banques d'État. Pour subsister, ils doivent vendre de nouvelles terres, en plus de celles fixées par l'oukaze impérial. Les acquéreurs sont rarement des paysans. Une nouvelle profession voit le jour, celle des marchands de biens, qui se livrent à de fructueuses spéculations.

En contrepartie de la vente de leurs terres, les nobles reçoivent de l'État des titres négociables. Mais ces titres ne tardent pas à se déprécier, obligeant leurs détenteurs à réaliser une autre partie de leur patrimoine. Les chiffres sont parlants. En 1862, la noblesse possède quatre-vingt-sept millions cent quatre-vingt mille dessiatines. Quarante-neuf ans plus tard, elle n'en possédera plus que cinquante-trois millions cent soixante-dix-huit mille. Son capital foncier a fondu. Aussi bien accuse-t-on la réforme d'avoir été bâclée, d'avoir ruiné la noblesse et finalement d'avoir désuni l'ordonnance de la société russe.

Le bilan de la réforme agraire tient en peu de mots :

– La paysannerie se résigne à subir les défaillances du rescrit impérial mais le ressentiment laisse dans les cœurs une amertume qui se réveillera au début du XXe siècle.

– Le mécontentement des propriétaires terriens n'est pas moins fondé. Ils ont perçu des indemnités en échange de leurs terres et pour nombre d'entre eux, piètres exploitants agricoles et endettés, c'est une aubaine. Mais ils sont désormais privés de leur pouvoir et de leur statut de seule classe sociale libre en Russie.

– La bureaucratie n'est pas plus satisfaite, alors que, dans sa grande majorité, elle a préparé et réalisé les réformes à son corps défendant.

Un pouvoir sans direction

Face à la montée des mécontentements, le gouvernement ne peut revenir en arrière. Peut-être pourrait-il tenter de restreindre la portée des changements. C'est ce qu'il fera dans la seconde partie du règne d'Alexandre II, alors que les réformes se heurtent à d'innombrables oppositions. S'ajoute une dégradation généralisée du climat social : révoltes paysannes, agitations universitaires, incendies inexpliqués, insurrection polonaise, tentative d'assassinat par Dimitri Karakozov sur la personne de l'empereur.

Le gouvernement se montre incapable de résoudre le principal problème que pose toute politique de changement : où s'arrêter ? Sans doute l'instauration d'une monarchie constitutionnelle pourrait-elle répondre aux exigences de l'opinion. Mais Alexandre n'en veut pas. Il préfère s'opposer aux partisans de nouveaux changements et lutter pour préserver l'ordre établi. Les grandes réformes, après tout, ont été décidées à la suite de la défaite de l'armée russe en Crimée, au terme d'une guerre qui a démontré la faillite de l'ancien régime. Elles ne sont dues ni à une volonté de libéralisme ni au jugement éclairé d'Alexandre II et de ses proches collaborateurs. On mesurera dans le temps à quel point le gouvernement aura du mal à changer ses vieilles habitudes.

En 1861 et 1862, une vague d'agitation est dirigée contre la politique autoritaire et maladroite du nouveau ministre de l'Instruction publique, l'amiral Poutiatine. Elle finit par gagner l'ensemble des universités russes. En 1862, l'assemblée provinciale de la noblesse de Tver renonce à ses privilèges et demande la convocation d'une assemblée constituante, représentant l'ensemble de la population, en vue d'introduire un nouvel ordre politique. La même année, une série d'incendies mystérieux enflamme Saint-Pétersbourg et quelques régions de la Volga. Dans plusieurs villes sont distribués des tracts appelant à la révolution. En 1863, la Pologne entre en éruption.

Une sourde fermentation s'empare des Polonais. On force les portes des casernes ; on tue des soldats russes désarmés. Le gouvernement de Varsovie décide d'incorporer dans l'armée les étudiants rebelles. Mal lui en prend. Une insurrection éclate en janvier 1863, s'étendant aux territoires de la Lituanie et de la Biélorussie. Elle ne sera maîtrisée qu'en mai 1864. Dans ce contexte de guerre civile, la Pologne obtient une émancipation paysanne plus favorable qu'en Russie.

En représailles, Saint-Pétersbourg impose la russification grâce à une surveillance policière draconienne. Le russe devient obligatoire dans les écoles polonaises. La russification est plus intense encore sur les frontières occidentales du pays où rien n'est négligé pour déraciner l'influence polonaise. Une taxe de 10 % est imposée aux propriétaires agricoles de Pologne. L'usage de la langue polonaise est interdit dans la correspondance officielle. Les biens de l'Église catholique sont confisqués. Les uniates catholiques sont contraints de se convertir à l'orthodoxie.

Sur le territoire russe, l'agitation révolutionnaire s'amplifie. Un pas décisif dans l'escalade de la violence est franchi quand un étudiant déséquilibré, Dimitri Karakozov, tente d'assassiner l'empereur. La même année 1866, le très réactionnaire comte Dimitri Tolstoï est chargé du ministère de l'Instruction publique. Il tente vainement de relever le niveau des études, de recommander la liberté de la presse et de prôner l'égalité des impôts.

Une société en quête de repères

À la suite du mécontentement général suscité par la réforme paysanne, des clivages s'opèrent dans toutes les couches de la société. Une partie de la noblesse libérale, peu satisfaite des sacrifices exigés par le gouvernement et faiblement intéressée par les questions sociales, aspire à un régime constitutionnel. Elle souhaite pouvoir contrôler une monarchie en qui elle n'a plus guère confiance. Quant aux socialistes, rassemblés autour d'un idéologue que nous avons précédemment évoqué, Nikolaï Tchernychevski, ils partent en guerre contre un « esclavage pire que tout ». Ils se lancent dans l'opposition révolutionnaire clandestine.

Sur le plan pratique, les difficultés d'application sont immenses. Un observateur français, P. Philippot, porte son attention sur la province de Kharkov en Ukraine. Il note que les paysans, pour près de la moitié, n'ont pu procéder au rachat des parcelles auxquelles ils ont droit. Parmi les autres, une forte minorité ne dispose que d'une étendue de terres plus réduite qu'avant l'affranchissement. Pour les acquérir, ils ont dû régler un prix double ou triple de celui qui avait cours quelques années auparavant. Ils sont devenus des débiteurs insolvables, dans l'incapacité de s'engager sur la voie du progrès technique[66].

Dans le domaine que les Kourakine possèdent à Nadiejdino, les palabres s'éternisent jusqu'en 1867. Ils aboutissent à l'octroi de la « part du mendiant », correspondant à un peu plus d'une dessiatine par âme.

Féru d'agronomie, Alexandre Engelhardt devient professeur à l'Institut d'agriculture de Saint-Pétersbourg

66. *La modernisation inachevée* (*Histoire de la Russie*, tome II), P. Philippot, Hatier, 1974.

après avoir été contraint, en 1863, de démissionner de l'armée en raison de ses opinions avancées. À nouveau persécuté, il se retire sur son domaine et entreprend l'écriture de onze *Lettres de campagne*[67]. Il y invite ses lecteurs à partager la vie quotidienne des propriétaires et des paysans dans la province de Smolensk au cours des vingt années qui suivent la réforme. Ici aussi, les moujiks reçoivent moins de terres qu'ils n'en exploitaient auparavant. L'auteur note que les propriétaires s'arrangent pour garder les meilleurs sols, les pâturages fertiles et les parcelles les plus adaptées à l'environnement. Ainsi, explique Engelhardt, les paysans qui ont un urgent besoin de terres sont-ils obligés de céder aux exigences des propriétaires pour procéder à des échanges.

En agronome acquis au progrès, Engelhardt fustige l'incapacité des nobles à s'adapter aux temps nouveaux.

> «Chez nous, on peut compter sur les doigts les domaines qui ont adopté une économie fondée largement sur l'emploi des salariés, dont les terres sont convenablement travaillées, avec des prairies artificielles, un bétail de choix... Dix-sept ans ont passé depuis la réforme mais l'économie domaniale n'a fait aucun progrès; au contraire, elle s'est dégradée d'année en année, sa productivité a diminué, les terres sont retournées à l'état de friches... Les manoirs sont inhabités et tombent en ruines, les bâtiments d'exploitation tiennent à peine, tout est laissé à l'abandon... Les nobles se sont précipités sur les emplois dans les services de l'État. Dieu merci, on en a créé beaucoup et on leur verse des traitements incroyablement élevés.»

67. Les *Lettres de campagne* d'Engelhardt sont publiées entre 1872 et 1881 dans la revue *Les annales de la patrie*, dont le rédacteur est Saltykov-Chtchédrine.

J. L. Van Regemorter s'intéresse à la Russie du Sud-Ouest, à ce qu'il appelle le «rayon d'Odessa[68]». Contrairement à certaines craintes, les quantités de denrées disponibles n'ont pas diminué, bien au contraire, après l'émancipation. Si la plupart des nobles n'ont pas su, pas plus ici qu'ailleurs, faire face à une situation nouvelle et si les petits producteurs paysans n'ont pas profité de la réforme, on a vu apparaître un type d'agriculture capitaliste reposant sur le progrès de l'agronomie et des transports, l'utilisation d'une main-d'œuvre salariée, la connaissance des besoins du marché international et de la rentabilité des produits et, par-dessus tout, sur les disponibilités en argent liquide. À qui profitent ces changements? À quelques nobles avisés, à des *koulaks* entreprenants qui ont acheté des terres et ont su placer l'agriculture sous la dépendance des activités commerciales et financières.

L'abolition du servage rend inévitable une transformation profonde des structures et des mentalités sur lesquelles s'appuie l'autocratie. On en perçoit les premières manifestations: déclin de la noblesse qui se détourne du trône, amertume des paysans affamés qui bientôt regretteront, comme le vieux Firs, le fidèle domestique de *La Cerisaie*, le temps «où tout le monde était heureux... où les moujiks avaient des maîtres, les maîtres avaient des moujiks, tandis que maintenant c'est la débandade[69]».

À vrai dire, la débandade n'est pas générale. Des classes nouvelles apparaissent: les *koulaks* qui dépossèdent aussi bien les nobles que les petits cultivateurs, les hommes d'affaires qui concluent une entente avec l'État, s'assurent

68. J. L. Van Regemorter, «L'influence de la réforme de 1861 sur la production marchande, le commerce et l'exportation des céréales dans la Russie du Sud-Ouest», *Revue historique*, juillet-septembre 1964.
69. Anton Tchekhov, *La Cerisaie*, acte II.

du contrôle des banques, de l'industrie et du commerce. En marge de ces groupes, le prolétariat ouvrier, formé surtout de paysans et d'artisans ruinés, pose des problèmes entièrement neufs à la collectivité[70].

Le mécontentement qui sourd des consciences de l'*intelligentsia*, s'exprime dans des proclamations appelées à circuler de mains en mains : « À la jeune génération » ; « Ce qu'il faut au peuple » ; « Aux paysans des propriétaires » ; « La jeune Russie ». Ces proclamations sont rédigées dans un style sans nuances. L'une d'elles déclare :

> « Il nous faut non un tsar, non un empereur, mais un élu de Dieu, non un manteau d'hermine cachant l'incapacité héréditaire, mais un chef élu et payé pour ses fonctions... Si Alexandre ne veut pas le comprendre et faire des concessions volontaires au peuple, tant pis pour lui. »

La première proclamation révolutionnaire, « À la jeune génération », écrite en Russie, est d'abord publiée à Londres puis diffusée en 1861 dans son pays d'origine. Elle s'ouvre sur cet appel à la condamnation de la dynastie : « À bas les Romanov s'ils ne justifient pas les espoirs du peuple. » Elle exige un pouvoir élu, la suppression de la censure, la mise en œuvre de l'autogestion, une justice accessible à toutes les causes et la dissolution de la police. La proclamation affirme que l'« on ne peut vendre de la terre comme on le fait d'une pomme de terre ou d'un chou ». On y lit que les mécanismes économiques dérivés de l'émancipation « durcissent l'homme ; ils engendrent la désunion dans la société et la

70. Sur les causes et les manifestations de l'exode rural avant et après la réforme, *cf.* F.-X. Coquin, « Faim et migrations paysannes en Russie au XIXe siècle », *Revue d'histoire moderne et contemporaine*, avril-juin 1964.

formation de classes privilégiées». Les auteurs avertissent: «On veut transformer la Russie en une sorte d'Angleterre et nous gaver de la fameuse maturité anglaise. Non, nous ne voulons pas de la maturité économique anglaise, l'estomac russe est incapable de la digérer».

En lisant ces lignes, Alexandre est persuadé que les auteurs de ces proclamations ont perdu la tête. Ils le poussent à se dévêtir de son manteau d'hermine, à renoncer à la couronne si solennellement posée sur sa tête par le métropolite de Moscou, au bruit des cloches et des cris du peuple. Ils ont besoin d'un chef élu. Ils veulent faire de cette Russie largement serve, hier encore esclave, illettrée, de cette Russie des moujiks, une république semblable à celle de 1792. Mais cela ne leur suffit plus. Ils exigent le socialisme.

> «Nous voulons que la terre appartienne non à un particulier mais au pays; que chaque commune ait sa portion de terre et qu'il n'existe plus de cultivateurs particuliers.»

Une fièvre intellectuelle

En 1861, quand est publié le rescrit émancipant les serfs, la Russie est bouillonnante d'idées appelant à l'instauration d'un ordre nouveau. Elles sont débattues dans des cercles où sont représentés la petite bourgeoisie, la petite et parfois la grande noblesse, des journalistes et un grand nombre d'étudiants. Ainsi se crée dans la société russe une classe nouvelle qui n'est pas à proprement parler une classe sociale puisqu'elle rassemble dans ses rangs des individus issus d'horizons très différents. Cette classe nouvelle, décidée à s'imposer dans les débats intellectuels de ce temps, prend le nom d'*intelligentsia*. Au fur et à mesure que les réformes d'Alexandre II engendreront des mouvements sociaux, les effectifs de l'*intelligentsia* progresseront. On assistera à un jaillissement de concepts nouveaux.

Cette fièvre intellectuelle reflétant un mécontentement général déborde sur l'idéologie. Mammon fait peur. Terme d'origine grecque, Mammon désigne, dans le vocabulaire de l'Église, le gain, la convoitise, la cupidité et, dans le dictionnaire politique de l'époque, la dictature des capitaux, l'abandon du modèle russe de développement. Les slavophiles rejettent Mammon de la même manière qu'ils rejettent les *koulaks*, ces paysans enrichis qui corrompent l'*obchtchina* paysanne. Depuis toujours, ils fondent leur foi dans la Russie sur la pleine homogénéité du peuple. Or ils découvrent que l'appât du gain, le profit, les banques, les dividendes engendrent la division dans le peuple.

Dans une lettre à son fils Ivan, écrite en 1856, le slavophile Sergueï Aksakov soulignait l'absence de perspectives de la civilisation occidentale, concluant : « Nous, nous avons au moins un avenir ; l'Europe, elle, n'en a plus. » Cinq ans plus tard, les deux révolutionnaires, auteurs de la proclamation « À la jeune génération », imputent les dérives de la société au pouvoir impérial, qui a introduit le capitalisme en Russie, et aussi et surtout à l'Europe.

> « Nous sommes un peuple retardataire et c'est là notre salut. Nous devons bénir le destin de n'avoir pas vécu la vie de l'Europe. Ses malheurs, la situation sans issue dans laquelle elle se trouve, nous sont une leçon. Nous

ne voulons pas de son prolétariat, de son aristocratisme, de son principe étatique ni de son pouvoir impérial[71]. »

Au cours d'un voyage hors de ses frontières, l'écrivain satirique Saltykov-Chtchedrine éprouve l'envie d'évoquer les réformes d'Alexandre dans des essais intitulés *À l'étranger*. Ils paraîtront dans la revue *Les annales de la patrie*, en 1880-1881. « L'écrivain russe y donne son point de vue sur la confrontation idéologique entre la Russie et l'Occident, le capitalisme et la voie russe de développement. Il fait un rêve au cours duquel il entend deux gamins se disputer. L'un porte une culotte, l'autre n'en a pas. Le premier est Allemand, le second Russe. Tout les sépare : le gamin en culotte vit bien ; il est propre, mange à sa faim, l'ordre règne dans son pays et dans son village ; le gamin sans culotte vit dans la crasse, son ventre crie famine, on le rosse sans pitié. Ce qui ne l'empêche pas d'affirmer que, premièrement, la vie "chez nous est plus palpitante" et, deuxièmement, que les Allemands "ont vendu leur âme au diable pour un sou". Tel est le capitalisme : pour un sou, pour le profit, pour Mammon, on renonce à son âme, on la vend au Malin. Le gamin en culotte réplique : "On dit pire à votre sujet : que vous auriez cédé votre âme absolument pour rien." À quoi le petit Russe répond, formulant l'essence même de l'idéologie révolutionnaire : "Puisque je l'ai donnée pour rien, je peux donc la reprendre[72]." »

En juin 1861, la revue *Bibliothèque de lecture* publie l'ouvrage de Tocqueville édité à Paris en 1856 : *L'Ancien Régime et la Révolution*. L'historien français y analyse les vaines tentatives engagées pour réformer l'Ancien Régime à

71. Burcev, Za Sto Let (1800-1896), *Sbornik po istorii politiceskix i obscestvennyx dvizenij v rossii*, Londres, 1897.
72. Cité par Michel Heller, *op. cit.*

la veille de la Révolution. On y trouve une grande similitude avec la Russie d'Alexandre II : incapacité de sauver une monarchie qui souhaiterait améliorer la condition de ses sujets, absence d'un pouvoir capable d'imposer ses réformes.

Un empereur désabusé

L'intérêt que suscitent en Russie les réflexions de l'historien français s'explique par la faiblesse du souverain que tout oppose à la force de caractère de son père. Secrétaire à l'ambassade de Prusse à Saint-Pétersbourg, Kurd Von Schlözer note dans son journal, le 24 juin 1857 :

> « On dénigre l'empereur de façon inouïe... Nicolas Ier pouvait faire ce qu'il voulait ; il était, à tout le moins jusqu'en 1854, auréolé de son pouvoir, on admirait sa force, son énergie, on jugeait naturelles ses mesures les plus dures et les plus cruelles... Aujourd'hui tout a changé. On parle à présent de douceur, d'affabilité, car l'empereur est en effet doux et affable. Mais il lui suffit de se montrer cassant une seule fois, de donner un ordre un peu rude, et tous se regardent, s'interrogent : quelle mouche le pique ? Le vieil empereur pouvait se conduire ainsi. Mais lui ? »

Six mois plus tard, le 2 janvier 1858, Kurd écrit :

> « Le mécontentement est général. Privés d'un tsar énergique, cruel, les officiers surnomment l'actuel souverain : "La vieille femme"[73]. »

73. Kurd Von Schlözer, *Pertersburger briefe* (1857-1863), Stuttgart – Berlin – Leipzig, 1923.

Ce qui est inné chez son père prend, chez Alexandre, la forme d'un jeu de rôle. Jeune, lorsqu'il consentait à être lui-même, son visage s'éclairait d'un sourire affable. Mais bientôt il s'impose une physionomie sévère, s'enveloppe d'une carapace et « ne réussit qu'à faire une mauvaise copie de son père[74] ».

Avec le temps qui passe, son inclination aux états d'âme s'accentue. Le 2 août 1867, Talleyrand note :

> « Les Russes conviennent qu'il s'est opéré un grand et regrettable changement chez sa Majesté, dont l'humeur est moins égale et tourne souvent à la mélancolie. Les traits sont tirés et amaigris, l'expression en est sévère et préoccupée. Je suis porté à croire que, lors de l'attentat de Karakozov, sa nature morale a subi un ébranlement dont une âme aussi concentrée que la sienne doit avoir quelque peine à se relever[75]. »

En 1874, le tsar séjourne à Londres. La reine Victoria qui ne l'a pas revu depuis 1839, note dans son journal : « Il a terriblement changé, si maigre et son visage si triste, si triste, si soucieux. » De plus en plus souvent, Alexandre produit sur ceux qui l'approchent l'image d'un homme accablé par le destin. Lord Loftus, l'ambassadeur de Grande-Bretagne, estime que l'héritage de Pierre le Grand et de Nicolas Ier est trop lourd pour ses épaules. Sa santé, jusqu'alors robuste, s'altère. Il respire avec difficulté et commence à souffrir de crises d'asthme.

Comme souvent les êtres faibles, Alexandre est capricieux. La moindre objection l'exaspère. Il prend aussitôt,

74. A. F. Tioúttcheva, *À la cour des deux empereurs*, Moscou, 1928 et 1929.
75. Le texte de la dépêche est reproduit par François Charles-Roux, *Alexandre II, Gortchakov et Napoléon III*, Paris, 1913.

selon l'observation du diplomate et poète Fiodor Tiouttchev, « l'air d'un homme rhumatisant qui est exposé à un vent coulis ». Il se hérisse aussi quand on le comble de compliments et ressemble alors « à quelqu'un qui aurait gratifié un mendiant par erreur d'une pièce d'or qu'il ne peut plus lui reprendre[76] ».

Son compagnon de jeunesse, le prince Orlov, évoque ses souvenirs :

> « Tout le monde tremblait devant son père Nicolas Ier, mais je sais par expérience qu'on pouvait lui parler à cœur ouvert : il se fâchait parfois, me chassait, mais ne m'en tenait pas rigueur. Avec Alexandre, c'est tout différent. Je suis de ses proches ; nous avons été élevés ensemble, mais il m'arrive de perdre le don de la parole lorsqu'il fixe sur moi son regard vague comme s'il n'entendait pas ce que je dis[77]. »

Sa méfiance prend parfois un caractère psychique. En janvier 1865, il interrompt un gouverneur de province qui lui parle de la gratitude populaire. « Inutile d'insister, je ne crois en la gratitude de personne[78]. » En prenant de l'âge, ce sentiment s'incruste en lui. Un jour, alors que le général Potapov, chef des gendarmes, lui rapporte les propos d'un calomniateur, il a cette réplique : « Pourquoi est-il contre moi, cet homme ? Je crois ne pas lui avoir accordé quelque faveur particulière. »

S'il ne sait guère conquérir le cœur de ses proches collaborateurs, l'empereur peine plus encore à emporter

76. E. Feoktistov, *Derrière les coulisses de la politique et de la littérature, 1848-1896*, Leningrad, 1929.
77. *Ibid.*
78. Prince Mestcherski, *Mes souvenirs*, Saint-Pétersbourg, 1897 et 1898.

l'adhésion des foules lorsqu'il s'adresse à elles. Ses discours sont improvisés, sans fil conducteur.

> « Sa première allocution, prononcée le jour même de son avènement, devant le Conseil de l'Empire, est rédigée dans le style d'un barine qui bavarde à distance avec ses domestiques[79]. »

En présence de paysans, il leur parle comme à des enfants : « Bonjour, mes petits gars, je suis content de vous voir », déclare-t-il, le 25 novembre 1862, aux délégués villageois qu'il reçoit au Kremlin : « J'exige de vous avant tout l'obéissance aux autorités que j'ai établies… N'attendez pas de liberté nouvelle. »

Un événement achève d'assombrir le psychisme de l'empereur. Au printemps 1867, Alexandre est invité par Napoléon III à se rendre à Paris, à l'occasion de l'Exposition universelle. Dès son arrivée, le 3 juin, accompagné de ses fils et d'une suite, sur le parcours de la gare aux Tuileries, on entend retentir des cris : « Vive la Pologne ! » Après le dîner présidé par Napoléon, la famille impériale se rend aux Variétés où le public découvre son engouement pour les distractions futiles.

L'humeur joyeuse d'Alexandre ne dure pas. Le 5 juin, lors d'une visite au Palais de Justice, un groupe d'avocats emmené par Floquet lui rappelle la répression qu'il a ordonnée à Varsovie. Dans les rues, des émigrants polonais manifestent ouvertement leur hostilité au souverain russe.

Le 6 juin, à Longchamp, a lieu une grande revue. Y assistent trois souverains, l'empereur de Russie, l'empereur des Français et le roi de Prusse. Sur le chemin du retour,

79. Vassili Klioutchevski, *op. cit.*

tandis que le tsar traverse le bois de Boulogne dans la calèche découverte de Napoléon, il essuie deux coups de feu tirés sur lui par le Polonais Beresovski. Par la grâce de Dieu, il est indemne. Les témoignages de sympathie affluent mais Alexandre ne parvient pas à surmonter sa mauvaise humeur. L'ombre de la Pologne s'est à nouveau interposée entre la France et la Russie.

Alexandre quitte Paris désenchanté, après avoir richement récompensé sa garde personnelle et offert un superbe collier à l'épouse de l'écuyer Lebœuf qui lui a sauvé la vie en désarmant le Polonais. Et l'on peut juger de l'état d'esprit de son entourage par une lettre de son fils Alexandre à un ami, le prince Mestcherski :

> « Lorsque j'évoque maintenant mon séjour à Paris, j'en ai la fièvre... Oui, nous y avons vécu des jours pénibles ; je ne pouvais ni m'amuser, ni me sentir tranquille pendant un seul instant. Rien ne pouvait me garantir qu'il n'y aurait pas une répétition de l'attentat. Je n'avais qu'un seul désir : quitter Paris. J'aurais tout envoyé au diable pourvu que notre empereur puisse rentrer indemne au plus vite, dans notre mère Russie... Quel bonheur c'était de quitter enfin cet antre[80]. »

Il faudra attendre de longues années pour que l'expéditeur de ce message, le futur Alexandre III, devienne, dans des circonstances différentes, le signataire de la grande alliance franco-russe de 1894.

Dans sa vie privée, après son mariage, l'empereur ne tarde pas à s'adonner au libertinage. Marié au printemps de

80. Igor Vinogradoff, *Some Russian Imperial letters to Prince Meshchersky* (Oxford Slavonic Papers, 1962).

l'année 1841 à une princesse de Hesse-Darmstadt, il connaît quelques années de bonheur. Mais très vite, il se lassera de la bigoterie de sa femme, absorbée par ses prières. Celle-ci, de santé fragile, ne parvient plus à satisfaire les appétits sexuels du souverain.

Le moment viendra où Alexandre cherchera ses plaisirs ailleurs. Aidé par des entremetteurs de la cour, il trompe son épouse une première fois, recommence et en prend l'habitude. Les femmes ont un pouvoir magique sur cet homme faible et impressionnable. Ses goûts de don Juan n'ont pas de limites. Il n'a aucun scrupule à commander au peintre Zieli des tableaux érotiques ou à « chercher l'oubli » dans les bras de pécheresses ayant pignon sur rue, ou encore à organiser dans ses appartements des spectacles obscènes dont les textes sont empruntés aux œuvres du marquis de Sade.

Cependant, le tsar éprouvera une véritable passion pour la jeune princesse Catherine Dolgorouki. Alexandre la rencontre quand elle a dix ans. Il la retrouve par hasard après quelques années, lors d'une promenade au Jardin d'Été. Dès lors, ils ne se quittent plus. Ils se rejoignent sur l'île d'Élaguine dans l'estuaire de la Néva ou sous les futaies séculaires qui entourent Peterhof.

Venu à bout de la résistance de Catherine, Alexandre en fait sa maîtresse le 13 juillet 1866 au belvédère de Babygone, pavillon à colonnades situé à une extrémité du parc de Peterhof. De ce jour, les destins amoureux de l'empereur et de Catherine Dolgorouki sont scellés.

À l'automne, Alexandre remet à sa maîtresse la clé de son appartement au Palais d'Hiver. Catherine s'y rend par un escalier dérobé, un peu honteuse quand elle croise des valets à l'affût des secrets de l'alcôve impériale.

À Paris, en 1867, l'empereur demande à Catherine de le rejoindre. Il l'installe dans un hôtel discret de la rue Basse-du-Rempart. Chaque soir, elle pénètre dans les jardins de l'Élysée par une grille située à l'angle de l'avenue Gabriel et de l'avenue Marigny.

À la cour, les langues se délient. On reproche au tsar, deux fois plus âgé que sa maîtresse, ses « amours séniles ». Et pourtant, pas si séniles qu'on le prétend. En mai 1872, Catherine donne le jour à son premier fils qu'elle met au monde clandestinement au Palais d'Hiver. Cette naissance sera suivie par celles de deux autres enfants, une fille et un garçon.

C'est en 1878 qu'Alexandre, à la stupéfaction indignée de l'impératrice Marie et de sa famille, installe sa maîtresse au Palais d'Hiver. Tous sont offusqués par l'intrusion, dans la famille impériale, de l'« insolente favorite du tsar ». Ils observent qu'Alexandre a maigri, son dos se voûte, ses mains tremblent et il étouffe fréquemment. La cour peu charitable est persuadée que cette jeune princesse épuise l'empereur à petit feu.

Le scandale est à son comble quand on découvre que le concubinage coûte cher à la cassette impériale. Catherine est dépensière, elle aime les beaux bijoux, veut assurer l'avenir de ses enfants et même de ses frères et sœurs. Alexandre ne sait rien lui refuser. Plus grave, la mère des trois enfants impériaux veut profiter de son ascendant sur l'empereur. Les affaires politiques ne l'intéressent guère mais autour d'elle, et avec sa complicité, on se livre à un trafic d'influence. On l'utilise comme intermédiaire dans le but d'obtenir des concessions pour la construction de chemins de fer. L'empereur intervient auprès de ses ministres en vue de favoriser une décision conforme aux attentes de sa maîtresse.

Au cours de l'été 1880 meurt l'impératrice Marie Alexandrovna, malade depuis de longues années. Un mois et demi plus tard, l'empereur épouse la princesse Catherine Dolgorouki. Le vieux tsar se remarie au palais de Tsarkoïé-Selo.

Dans les hautes sphères du pouvoir, on se demande si l'empire n'est pas voué à disparaître pour les beaux yeux de Catherine Dolgorouki.

IV
TCHERNYCHEVSKI, L'IDÉOLOGUE DE LA RÉVOLUTION

Une vocation révolutionnaire

En 1863, la revue *Le contemporain* publie le roman *Que faire ?* Son auteur, Nikolaï Tchernychevski[81], est incarcéré à la forteresse Pierre-et-Paul. Le censeur juge le livre si indigeste qu'il le laisse sortir de la prison. Jamais un ouvrage n'aura un impact aussi puissant. *Que faire ?* devient le livre culte de la jeunesse révolutionnaire. « Il m'a transformé de part en part », reconnaîtra Lénine, rangeant Tchernychevski au même plan que Marx parmi les écrivains l'ayant le plus marqué. Karl Marx lui-même apprendra le russe pour lire l'ouvrage dans son texte d'origine.

Tchernychevski donne la réponse à la question qu'il pose : il faut faire la révolution. Bien plus, il désigne ceux qui doivent la conduire. Le sous-titre du roman s'intitule : « Récits sur des hommes nouveaux. »

Qui sont ces « Hommes nouveaux » ? Ils sont la classe dirigeante qui génère des chefs, « le sel de la terre russe ». L'écrivain reconnaît n'avoir rencontré que « huit modèles

81. Les ouvrages consacrés à Tchernychevski sont pour la plupart l'œuvre d'historiens soviétiques : - Steklov, Saint-Pétersbourg, 1909 ; - Neckina, 1948 ; - Zevin, 1953 ; - Pokrovskij, 1954 ; - Linkov, 1955 : - Rozenfel'd, Minsk, 1972.

de cette race». Parmi eux, Rachmetov est l'un des héros de son roman. Il se donne les moyens intellectuels et physiques qui le préparent à l'exercice de son pouvoir sur le peuple russe. Son apprentissage implique, entre autres, l'obligation de dormir sur une planche à clous.

L'auteur de *Que faire ?* est convaincu de sa vocation à devenir un chef. Dans une lettre à sa femme, expédiée de la forteresse Pierre-et-Paul, il explique :

> «Personne, depuis Aristote, n'a encore fait ce que je veux faire et je serai, au long des siècles, un aussi bon maître des hommes que le fut Aristote[82]. »

Fils de prêtre, Tchernychevski rompt avec ses croyances religieuses pour se réfugier dans l'athéisme. À l'université, il entre en contact avec des membres du mouvement fondé par Petrachevski. Très vite, il s'oriente vers une conception matérialiste du monde comme en témoigne la thèse qu'il soutient en 1855 sur «Les rapports esthétiques de l'Art et de la Réalité».

Les discussions qui s'engagent sur le problème paysan, après la défaite subie en Crimée, poussent Tchernychevski sur le terrain politique. Au sortir de l'université, il est déjà acquis aux idéaux socialistes. Il se définit comme un «social-démocrate».

Observons d'ores et déjà que Tchernychevski sera le premier à percevoir les lacunes de l'acte d'émancipation. Il est persuadé qu'en créant une paysannerie libre mais misérable, promise à une pauvreté endémique, on n'a sapé ni les bases de l'absolutisme, ni le pouvoir social de la noblesse.

---

82. Cité par Burcev, *op. cit.*

Partisan de la commune villageoise, il devient l'inspirateur du socialisme agraire. Lecteur assidu de Feuerbach, d'Engels et de Proudhon, il parvient à la conclusion que la vraie puissance politique se trouve dans la classe la plus nombreuse, quoique la plus déshéritée, et que c'est sur elle qu'il faut s'appuyer pour construire un monde nouveau.

D'abord instituteur, Tchernychevski se tourne bientôt vers le métier de journaliste. À l'avènement d'Alexandre II, il est déjà le publiciste le plus écouté de la jeunesse progressiste. La revue qu'il a fondée et dont il est le directeur de la publication, *Le Contemporain*, ne réunit pas seulement de grandes signatures vouées à la célébrité comme Tourgueniev, le jeune Léon Tolstoï, le dramaturge Ostrovski. Elle est aussi un cercle de ralliement pour tous ceux, à commencer par les étudiants, qui souhaitent adhérer à un mouvement révolutionnaire. « Le temps est venu, affirme-t-il, où les paysans doivent s'emparer de leur hache. Le mécontentement va croissant ; il suffit d'une étincelle pour que le feu jaillisse, il suffit d'un élan généreux pour entrer dans une période révolutionnaire. »

Dès 1849, Tchernychevski est convaincu que l'aristocratie est la racine du mal. Il tourne définitivement le dos à ses rêves de jeunesse qui lui révélaient dans le gouvernement une force capable de concilier les intérêts de toutes les classes et d'abord ceux des plus défavorisées. En 1856-1857, il monte au front pour imposer l'idée d'un règlement de la question paysanne. Il invite ses lecteurs à conclure que seule la révolution pourra apporter une solution définitive au servage et en finir avec l'institution féodale.

Une critique impitoyable du servage

À partir de 1856, Tchernychevski dénonce les effets calamiteux du servage. Dans un article intitulé «Les nouvelles conditions de la vie paysanne», il souligne que le servage est la source de tous les retards, de tous les maux.

Le paysan russe est «taillable et corvéable à merci». Le propriétaire n'a pas de scrupule à relever le montant de la redevance. Comment le paysan pourrait-il être incité à augmenter la productivité de son travail? S'il œuvre davantage, ne devra-t-il pas payer davantage au propriétaire?

Tchernychevski note que les médiocres résultats produits par l'institution du servage tiennent à la piètre qualité du «travail forcé». Dans un article de 1859, «Superstition et lois de la logique», il compare la fabrique, c'est-à-dire l'industrie, à l'agriculture.

> «La fabrique ou l'usine se crée habituellement ou s'achète par l'homme qui est le maître de la production. Lors de l'achat ou de l'organisation de son entreprise, il fait ses comptes de telle sorte qu'il lui reste une quantité nécessaire d'argent au titre du capital roulant. Cela ne se passe pas ainsi dans l'agriculture. La terre revient le plus souvent à celui qui la possède par héritage. Généralement, le propriétaire n'éprouve pas le besoin de détenir du capital roulant. Le travail est gratuit, fourni par les serfs. S'il a de l'argent, il l'investit dans d'autres entreprises ou le plus souvent le dépense, tandis que la production agricole se fait chez lui sans aucune dépense de capital.»

Il conclut :

> « Cette situation nous conduit à l'une des causes fondamentales de notre sauvagerie, de notre retard dans tous les domaines : le servage. »

Le retard de l'agriculture, le faible développement de l'industrie et du commerce sont la conséquence directe du servage. Tchernychevski veut être le messager de cette paysannerie russe, veut mettre à nu l'essence du servage, veut montrer le lien existant entre le tsar et les propriétaires, veut finalement propager l'idée d'une révolution populaire.

Toujours dans « Superstition et lois de la logique », il attire l'attention du lecteur sur la nécessité de détruire le « mauvais gouvernement. » Il ne manque pas aussi de s'élever dans cet article contre l'injustice de la répartition des biens matériels : à une extrémité de la société la richesse, à l'autre la pauvreté. Chiffres à l'appui, il prouve, dans des articles de 1856, l'horreur d'une telle situation : la mortalité paysanne est si grande en raison de la misère que le maintien du servage ne peut qu'entraîner l'extinction des paysans.

Comme plusieurs révolutionnaires, Tchernychevski observe les effets pernicieux du servage sur la situation morale et culturelle des paysans. Il relève que le paysan vit dans un état d'inculture totale. Mais à la différence d'autres écrivains, il conteste l'idée que le peuple ne souhaiterait pas s'instruire. Il écrit : « Le désir de s'instruire chez le peuple est incroyablement puissant mais les circonstances et les institutions l'ont empêché de le réaliser. » Ainsi donc le retard culturel du pays est-il dû lui aussi au servage.

Dans un article intitulé «La paresse du grossier petit peuple», Tchernychevski reconnaît l'état d'apathie dans lequel se complaît le paysan russe. Mais il invite ses lecteurs à ne pas tomber dans le piège tendu par ceux qui voudraient faire croire que tout le malheur est la conséquence de cette paresse. Il démontre que l'apathie paysanne découle du servage.

> «L'ignorance du paysan a été l'objet d'un plan systématique. Tout le système éducatif va à l'opposé des intérêts populaires et ne sert que l'autocratie, ceci afin que le peuple ne puisse élaborer aucune idée de lutte contre les injustices. Le principe autocratique est de par sa nature lié à l'oppression du peuple, que ce soit sur les plans matériel, moral, aussi bien qu'intellectuel.»

Peu confiant dans les dispositions de la future réforme, Tchernychevski formule une mise en garde dans sa «Lettre de province».

> «Tous parlaient de mesure, de progrès pacifique, oubliant que le sort des paysans était dans les mains des propriétaires qui n'étaient pas disposés à se laisser berner.»

Il est persuadé que le pouvoir répugne à libérer les paysans avec la terre, qu'il envisage une redevance que le paysan devra payer à son propriétaire. En conséquence, le paysan est voué à un statut d'ouvrier agricole. Très vite, Tchernychevski comprend que le pouvoir tient à accomplir cette réforme par le haut, se tenant prêt à écraser une éventuelle révolte. Dès lors, il s'engage dans la bataille avec deux objectifs : obtenir le plus de concessions de la part du gouvernement tsariste et imposer l'idée d'une révolution populaire, seule susceptible de libérer les paysans.

C'est dans cet esprit que, dès 1858, Tchernychevski rédige une série d'articles tendant à élaborer un programme révolutionnaire de libération des paysans et une réflexion approfondie sur l'organisation de l'économie et notamment de l'agriculture, selon des bases coopératives. L'élément fort de ce programme est constitué par une défense de la communauté paysanne, l'*obchtchina*, et le rejet du principe de rachat des terres.

Apologie de l'*obchtchina*

Le regard que porte Tchernychevski sur l'*obchtchina* relève de sa perception de l'évolution économique de son pays et de celle des autres pays européens. Frappé par la reprise qui se produit après la guerre de Crimée et par l'essor du capitalisme en Europe, il s'attache à démontrer que la commune paysanne peut éviter à la Russie, dans le processus de développement, le stade capitaliste. Dans une série d'articles parus dans *Le Contemporain* en 1856 et 1857, il évalue les conséquences d'un développement de type capitaliste. «La rivalité sans limite, écrit-il en avril 1857, a livré les faibles au plus fort, le travail au capital. Lors du transfert de la terre dans des mains privées, une masse de gens est apparue, dépourvue de propriété fixe. Ainsi s'est formé le prolétariat.» La concurrence entre les travailleurs, souligne-t-il, conduit à l'érosion des salaires. C'est ainsi que, d'un côté, ont surgi en Angleterre et en France des milliers de gens riches, tandis que de l'autre côté, surgissaient des millions de malheureux. «Selon la loi de la concurrence effrénée, la richesse des premiers doit toujours s'accroître, alors que la situation des pauvres doit devenir de plus en plus pénible. »

Ainsi le capitalisme engendre-t-il la misère du plus grand nombre et la richesse de quelques-uns. Les tares de ce système que les contemporains peuvent observer dans les pays avancés comme l'Angleterre et la France, nul ne saurait les défendre à moins d'y être personnellement intéressé. Aussi faut-il, selon Tchernychevski, éviter à la Russie cette concurrence sans foi ni loi. Et il s'agit bien d'un choix à brève échéance car la Russie n'est pas loin d'entrer dans cette phase de développement. Restée jusqu'alors à l'écart des lois économiques qui se sont imposées en Europe, la Russie commence à se soumettre insensiblement à leurs forces. « Bientôt, nous entrerons peut-être dans la sphère du libre jeu de la concurrence. »

Si l'on veut éviter au peuple russe le sort des travailleurs européens, il faut conserver la commune paysanne qui le protège du vagabondage. Certes, l'*obchtchina* présente bien des insuffisances mais Tchernychevski, et c'est là son originalité, en rend responsable le servage.

Le rédacteur du *Contemporain* voit dans la commune paysanne une coopérative de type primitif. Marqué par le saint-simonisme, il est très attaché à l'idée de coopération. Il note que les travailleurs soumis aux rigueurs du capitalisme cherchent à s'unir. En 1857, il écrit que l'union entre les hommes devient une nécessité. « Les hommes doivent s'unir dans des sociétés qui ont un intérêt commun. Dans l'agriculture, la fraternité doit s'exprimer par le passage de la terre à l'utilisation collective. » Bien que soumise à la tyrannie du servage, l'*obchtchina* possède ces vertus.

Dans un article célèbre, « Critique des préventions philosophiques contre l'*obchtchina* », Tchernychevski défend sous une forme dialectique l'institution russe. Il y démontre que la commune paysanne est en réalité une institution du futur, apte à promouvoir une organisation économique de type collectif.

> « Nous ne sommes pas les disciples de Hegel ni encore moins de Schelling, mais nous devons reconnaître que ces deux systèmes ont rendu de grands services à la science par la découverte de principes généreux qui régissent le processus de développement. »

Tchernychevski relève que l'agriculture nécessite d'énormes capitaux. La conséquence, c'est l'apparition d'un prolétariat agricole travaillant pour le compte de quelques propriétaires.

> « Du fait de ces changements, résume-t-il, la propriété collective devient le seul moyen de fournir à la majorité des agriculteurs une participation aux revenus tirés de la terre... De cette façon, la propriété collective devient nécessaire, non seulement pour le bien-être de la classe paysanne, mais aussi pour les succès de cette même agriculture. »

La méthode d'investigation qu'utilise Tchernychevski dans la « Critique des préventions philosophiques contre l'*obchtchina* » dépasse largement le cadre de la bataille contre la réforme de la condition paysanne. Ce qui l'intéresse, c'est l'environnement de la vie sociale des travailleurs. Il conclut son très long article en s'adressant aux révolutionnaires russes :

> « L'histoire, comme une grand-mère, aime les plus jeunes de ses petits-enfants. Elle donne à ceux qui

> arrivent tard non pas l'os mais la moelle. Ainsi donc, les révolutionnaires russes doivent-ils tirer les leçons de ce qui se passe en Occident et comprendre la valeur de l'*obchtchina* pour leur pays. Il faut conserver la communauté paysanne parce que, précisément, c'est une forme primaire. Il faut donc ne pas priver le futur de ce type de structure agraire. »

Par des cheminements différents, Tchernychevski finit par nourrir les mêmes espoirs que l'exilé de Londres, Alexandre Herzen. Il est convaincu que l'*obchtchina* évitera à la Russie la phase intermédiaire de développement capitaliste. Il est persuadé aussi de la légitimité de sa lutte contre le pouvoir et les propriétaires sur le problème du rachat de la terre, « le vrai clou de la question paysanne », selon l'expression de Lénine plus tard.

Dès 1858, Tchernychevski dénonce les conditions absurdes du rachat des terres. Il montre que les esclavagistes souhaitent non seulement obtenir de l'argent contre la terre mais aussi des paysans en échange de leur libération. Son article fondamental sur la question du rachat est publié en janvier 1859 alors que les travaux des commissions de rédaction ont à peine commencé. Cet article intitulé « Le rachat des terres est-il difficile ? » propose plusieurs pistes destinées à régler la question épineuse de l'octroi des terres. Il démontre que le rachat des terres assumé par le gouvernement serait la meilleure réponse à cette question.

Plusieurs années après le rescrit impérial de 1861, dans son roman *Prolog*, écrit durant sa détention en Sibérie, Tchernychevski tirera les conséquences du rachat des terres par les paysans. Il affirmera qu'il aurait mieux valu ne pas obliger les paysans à acquérir des terres, précisant que les plus pauvres auront été complètement spoliés.

L'entente, une impérieuse nécessité

Comprenant que l'on ne pourra obtenir par le dialogue une réelle libération des paysans, Tchernychevski s'en remet à la perspective d'une révolution populaire. Son programme tient en deux points : reconnaissance des droits civiques aux paysans, partage des terres sans aucun rachat. Ce programme est le plus hardi de l'époque. S'intéressant aux hommes susceptibles de conduire le peuple à la liquidation du régime tsariste, il élabore un système basé sur la coopération. Dans un article, « Capital et travail », il livre sa conviction de la supériorité de l'entente. Il y vulgarise une partie du projet de Louis Blanc, notamment cette disposition : « L'État doit être le banquier du pauvre. »

L'entente peut regrouper aussi bien des paysans que des ouvriers. Elle comprendra de 1 500 à 2 000 travailleurs, libres d'entrer ou de sortir de cette union. Chaque entente agricole disposera de terres et de bâtiments publics, églises, écoles, logements. Les outils, les machines seront achetés pour le compte de l'entente. Pendant la saison creuse, les membres de l'entreprise auront des activités annexes. Chacun occupera un poste selon ses aptitudes. L'État se chargera du plan d'organisation de l'entente. Un directeur sera nommé par le pouvoir.

Après une description détaillée de son projet, Tchernychevski expose le fonctionnement financier de ce type d'entreprises. Les travailleurs seront directement intéressés à leurs bénéfices.

La conclusion du rédacteur du *Contemporain* se veut rassurante, eu égard à ceux que tout projet d'association épouvante. « Il nous semble, remarque-t-il, qu'il n'y a rien de particulièrement terrifiant ni contraignant dans tout cela. On vous propose seulement les moyens de vivre confortablement, et ceci à bon marché, et en outre, on vous donne un salaire, des dividendes. »

Dans son roman *Que faire ?*, qui décrit l'atelier de Vera Pavlovna, Tchernychevski esquisse le cadre d'une entreprise du futur. C'est un « palais de cristal », lieu symbolique dans l'esprit de l'auteur, à l'intérieur duquel se retrouvent après le travail les membres de l'entente.

Ainsi donc Tchernychevski apparaît-il en 1863 comme le théoricien d'un socialisme agraire et le défenseur ardent des intérêts immédiats et futurs de la paysannerie russe.

Au cours de cette même période, il devient le chef incontesté d'un courant politique, celui de la démocratie révolutionnaire.

Le libéralisme, voilà l'ennemi

Tchernychevski a un objectif prioritaire : la liquidation des pouvoirs féodaux et la disparition de l'autocratie. Il ne ménage pas ses coups en direction du gouvernement et engage une bataille politique féroce contre les hommes qui prétendent réformer la Russie sans modifier les structures du régime. Durant cette période, son action politique est marquée par une critique âpre du libéralisme.

Comme nous l'avons souligné, Tchernychevski s'interroge sur les conséquences de la défaite en Crimée. Il comprend que l'opinion publique puisse nourrir quelques espoirs réformistes sans pour autant aspirer à un changement radical de l'ordre établi. Il craint que le peuple ne soit dupé par ceux qui prétendent concilier les intérêts des paysans et ceux de la noblesse.

Pour promouvoir l'idée d'une révolution populaire, la véritable nature du libéralisme doit être mise à jour. Alors même qu'il semble faire alliance avec les libéraux, Tchernychevski les attaque dans les colonnes du *Contemporain*. La rupture définitive interviendra à la fin de l'année 1858.

Son point de vue sur l'opportunité d'un rapprochement éventuel avec le camp libéral est évoqué dans son roman *Prolog*. Le héros, Volgine, participe de mauvaise grâce à une réunion organisée par des personnalités libérales afin de faire adopter un projet de libération des paysans. À la fin de la réunion, Volgine souligne les carences du projet et menace les propriétaires d'une révolution. Comme il le note, les libéraux veulent arracher par la ruse quelques concessions aux propriétaires les plus conservateurs. Ne voulant pas remettre en cause la structure agraire, ils restent coupés du peuple.

Tchernychevski ironise sur ces cercles libéraux qui en sont réduits à quelques bribes de tolérance. Conscient qu'il peut y avoir momentanément une communauté d'intérêts entre libéraux et révolutionnaires, il est ouvert à cette perspective tout en blâmant les illusions idéalistes que proposent les libéraux.

> « Il fut un temps où il m'était agréable de penser que nous pouvions agir ensemble. Et puis vint le moment où j'eus la tristesse de songer que nous ne pourrons pas agir ensemble sur la question qui se posait à chacun de nous, la question paysanne. »

En 1858, Tchernychevski publie dans *Le contemporain* des articles intitulés : « La lutte des partis en France sous Louis XVIII et Charles X ». On y trouve recensées les motivations politiques qui opposent libéraux et démocrates. Il définit ainsi les deux courants :

> «Les libéraux et les démocrates ont des aspirations dont les fondements sont radicalement différents. Les démocrates envisagent la possibilité de mettre fin à la domination des classes supérieures sur les classes inférieures dans l'organisation gouvernementale, d'un côté en diminuant la force et la richesse des couches supérieures, de l'autre en donnant plus de poids et de bien-être aux couches inférieures. Au contraire, les libéraux ne sont en aucune façon d'accord pour apporter un changement dans la société, pour donner plus de poids aux couches inférieures car celles-ci, du fait de leur inculture, de leur indigence matérielle, sont indifférentes aux intérêts que le parti libéral place plus haut que tout, à savoir la liberté d'expression et une organisation politique de type constitutionnel.»

Dans des articles consacrés à la Restauration française, il souligne l'hypocrisie de l'attachement des libéraux à la liberté. Il décrit la façon dont les libéraux français ont trahi le peuple en 1830 et 1848. Le jugement qu'il porte sur Louis Blanc est particulièrement sévère. En acceptant de siéger dans une commission composée de gens obsédés par la défense de leurs privilèges, Louis Blanc a poignardé le peuple.

Se référant à l'exemple français, Tchernychevski démontre que les libéraux n'ont de cesse d'accumuler des biens sans que les travailleurs n'y prennent garde. Il rappelle que ce sont les libéraux qui, après avoir chassé les Bourbons en 1830 avec l'aide du peuple, ont noyé dans le sang en 1848 l'insurrection de ce même peuple. Or que réclament les libéraux russes au moment où se décide le sort de la paysannerie ? Une libération sans la terre. Les libéraux ne vont-ils pas jusqu'à présenter le paysan russe comme un être trop primitif pour jouir des droits civiques ?

La lutte se faisant plus vive autour du projet de réforme, les rapports entre démocrates et libéraux se tendent à mesure que la critique de Tchernychevski se durcit. En avril 1859, les députés des commissions de province sont appelés à Saint-Pétersbourg pour donner leur avis sur les réformes à venir. C'est le moment que choisit le rédacteur du *Contemporain* pour publier un article très polémique. Il y compare les propriétaires russes aux brigands espagnols qui enfreignent la liberté individuelle, volent et, dans le pire des cas, tuent. Et voilà que l'on demande à ces mêmes brigands d'aider les « amis de la liberté » pour débarrasser l'Aragon de ses tyrans. Tchernychevski pointe le danger que représente pour les révolutionnaires, amis sincères de la liberté, une alliance avec des hommes qui les conduisent à la mort. Il vise clairement les libéraux qui s'accommodent fort bien d'un projet de libération des paysans sans la terre et qui se rangent aux côtés de l'empereur.

Dans un article retentissant qui annonce sa rupture avec Tourgueniev, Tchernychevski dépeint le libéral russe. L'article intitulé « Le Russe au rendez-vous » est une réflexion sur la nouvelle de Tourgueniev, *Asia*, parue dans *Le Contemporain* en 1858. Il a ces mots moqueurs envers les libéraux : « Lorsque nous faisons notre entrée dans la société, nous voyons autour de nous des hommes en habit ou non. Ces hommes font cinq pieds ou six pieds de haut. Ils se coupent ou se laissent pousser les cheveux. Et nous pensons que nous avons devant nous des hommes, c'est une erreur totale, une illusion d'optique, une hallucination, pas moins. »

Tchernychevski insiste sur l'impuissance du héros libéral. « Si des hommes aux conceptions élevées tombent dans la bassesse vide et sale, quand leur pensée s'éloigne des intérêts publics, alors on peut imaginer ce que doit être la société. » Les libéraux ne sont-ils pas des gens qui se répandent dans les salons pour y vanter le bien public, sans y croire vraiment ? L'essayiste ne voit en eux que « cette masse de personnes qui bavardent, ne pensent qu'à leurs petits soucis d'argent, leurs bijoux ou leurs distractions ». Cet article suscite une querelle parmi les « gens de lettres » et la rupture définitive avec Tourgueniev. Dès lors s'ouvre la bataille acharnée que va engager Tchernychevski contre le libéralisme russe.

Sa première série d'articles publiés en 1860 sous le titre *Les beautés de la polémique* répond aux critiques que Tourgueniev fait pleuvoir sur le rédacteur du *Contemporain*. On y lit que, sous couvert d'une polémique, démocrates et libéraux se situent désormais dans deux camps opposés. Ces mêmes libéraux qui sont enthousiastes du courant politique généré par Herzen.

L'analyse de plus en plus fouillée que fait Tchernychevski de la situation russe le conduit à rompre avec l'homme de Londres. Cette rupture marque la naissance d'une organisation révolutionnaire dont l'objectif affiché est de liquider définitivement le régime tsariste.

Dès le mois d'avril 1859, Tchernychevski recommande de se méfier du réformisme. Le 1er juin paraît dans le journal de Herzen à Londres, *La cloche*, un article, « Very dangerous », qui interpelle la société russe. Le rédacteur de *La cloche* accuse *Le Contemporain* de faire le jeu du gouvernement et d'être de connivence avec la censure. Tchernychevski fait le voyage à Londres pour s'expliquer avec Herzen. En vain. La querelle ne cesse d'enfler. Elle reflète le fossé qui sépare désormais les deux courants.

Dans son article, Herzen idéalise l'*intelligentsia* russe, héritière selon lui du mouvement décembriste. La polémique s'envenime lorsque Tchernychevski reproche à Herzen d'être tombé dans le piège réformiste, se contentant de dénoncer les petits défauts de l'absolutisme. Il expose dans *Le Contemporain* des convictions qui se démarquent de plus en plus des thèses défendues dans les revues libérales.

La «Lettre de province» qui paraît le 1er mars 1860 prolonge la critique formulée à l'encontre du libéralisme et dénonce le caractère profondément réactionnaire du régime d'Alexandre II. L'originalité de cet article tient à sa réflexion sur la période écoulée. De nouveau, le rédacteur du *Contemporain* démontre que c'est sous la contrainte que le pouvoir russe prend le parti de la réforme.

Tchernychevski reproche amèrement à Herzen de s'être laissé flouer. «À partir du règne d'Alexandre II, écrit-il, le collier si étroitement serré par Nicolas s'est un peu relâché et nous avons presque cru que nous étions libres.» Critiquant de nouveau le caractère spoliateur des réformes, il menace directement le pouvoir et «ceux qui pensent que l'on peut ainsi duper les paysans en leur accordant tout juste quelques miettes.»

Le rédacteur du *Contemporain* souligne pour la première fois le danger d'une révolte paysanne d'où seraient exclus les révolutionnaires. À cet égard, il évoque deux hypothèses. Dans le premier cas, le gouvernement pourrait être renforcé par cette épreuve s'il parvient à écraser le soulèvement. Dans le second, le peuple serait vainqueur. Mais quelle que soit l'issue du conflit, les libéraux cesseraient d'exister en tant que force politique.

Tchernychevski se moque de ces «dandys aux gants jaunes» qui palabrent sur la démocratie en Amérique et méprisent le peuple. Il supplie Herzen d'ouvrir enfin les yeux. Il lui lance un appel pour qu'il rejoigne le camp de la révolution.

> « Vous avez fait tout ce que vous avez pu pour participer à un règlement pacifique du problème. Changez donc de ton et que votre revue ne sonne plus le *Te Deum* mais le tocsin. Appelez les Russes à prendre les haches. Souvenez-vous que la foi dans les bonnes intentions du tsar dure depuis des centaines d'années et qu'elle tue la Russie. Il ne faut pas que vous la souteniez. »

L'objectif politique de Tchernychevski est clairement défini. L'appel à la révolution populaire est lancé et ce sont les démocrates révolutionnaires qui la dirigeront. Il n'y a plus de concessions possibles. Tchernychevski donne au mouvement qu'il anime une base théorique, analysant le rôle respectif des classes, définissant ce qu'est la révolution, précisant ce que sera le futur régime socialiste.

La lutte des classes

Dans le processus de développement historique, l'action des masses est décisive. Tchernychevski se veut le défenseur du peuple russe. Il se bat pour faire avancer, dans les rangs de l'*intelligentsia*, ses idées sur la nécessité d'une révolution populaire. Ce développement historique ne peut s'incarner que dans la lutte qui oppose les différentes classes de la société. Dans son article-programme de 1860, « Capital et travail », il précise ce que sont pour lui les classes de la société. Il en identifie trois :

– La première est celle des propriétaires terriens. Sa caractéristique est l'appropriation des richesses par la force.

Elle possède la terre et maintient le peuple en état de dépendance grâce aux institutions féodales.

– La seconde classe représentant la « couche moyenne » détient les capitaux. Sa force économique a conduit à un renversement des institutions féodales en Angleterre. Dans « Capital et travail », Tchernychevski insiste sur la lutte à laquelle se livrent les deux premières classes aux différentes étapes du développement historique.

– La troisième classe est celle des travailleurs. Elle n'a joué aucun rôle sur la scène politique. Elle a servi d'instrument de prospérité aux deux premières classes.

Entre ces trois classes, il y a une différence essentielle : les valeurs produites par la troisième sont récupérées par les deux premières. « La haine ouverte entre les travailleurs et la classe moyenne a engendré le communisme », explique l'article « Capital et travail ».

Dans ses écrits consacrés à l'histoire européenne, le rédacteur du *Contemporain* fustige les dérives qui opposent les classes entre elles. Il est conscient qu'un soulèvement spontané du peuple présente un danger. Le peuple russe n'a pas encore atteint une maturité suffisante pour se diriger lui-même. Ce sont les démocrates révolutionnaires, les « Hommes nouveaux », qui devront guider le mouvement populaire.

Par un texte de 1861, « N'est-ce pas le commencement du changement ? », Tchernychevski exprime l'ardeur de son amour du peuple :

> « Si vous êtes habillé simplement, si vous êtes un homme au caractère simple, si vous aimez vraiment le peuple, alors le paysan ne vous distingue pas, ni par la conversation, ni par la langue de son frère ou des paysans affranchis. Ainsi donc, les hommes instruits

> peuvent-ils déjà, s'ils le veulent, être compris du peuple et être proches de lui. Parlez à un paysan simplement, sans façon, et il vous comprendra. Partagez ses intérêts et vous gagnerez sa sympathie. Cette tâche est tout à fait aisée pour celui qui aime vraiment le peuple, qui l'aime, non pas en paroles, mais sincèrement. »

La réflexion de Tchernychevski annonce l'« aller au peuple » du début de la décennie suivante. Dans son analyse du développement historique des classes sociales, il persuade ses lecteurs que la révolution est une manifestation des antagonismes de classes et qu'elle est la seule voie à des changements réels et durables de la situation des travailleurs. Il est convaincu que la prise du pouvoir ne peut se faire que par la force. Il attache une grande importance au soutien bienveillant de l'armée qu'il juge indispensable au succès de la révolution.

Tchernychevski écarte tout projet centralisateur. Il répète que le malheur du peuple russe provient du servage et de l'« effrayante administration », qu'il préfère l'idée de la décentralisation et d'une gestion locale autonome. Il reproche aux républicains français de n'avoir rien fait en 1848 pour atténuer les excès de la centralisation administrative. Le modèle qu'il prône est la république démocratique. Ainsi seront défendus les intérêts des travailleurs. La loi cessera d'être l'expression des besoins des privilégiés. Certes, il y aura une phase intermédiaire entre la prise du pouvoir et la mise en place de la république démocratique. Ce sera la phase de la « dictature révolutionnaire ». Il faudra venir à bout de toutes les forces hostiles à la révolution.

On l'a dit, Tchernychevski propose une organisation économique basée sur la coopération. La société dont il rêve aura pour fondements essentiels l'égalité des droits pour tous et une juste répartition des revenus. Le peuple aura accès à l'instruction et à la culture. Dans *Que faire ?*, il décrit en détail cette société du futur. Il a conscience que le chemin qui y mène n'est pas semé de roses.

À propos des échecs des mouvements révolutionnaires, il écrit :

> « Nous soutenons le caractère inévitable des périodes de récession qui apportent avec elles leur cortège de malheurs dans la lutte qui oppose le vieil ordre au nouveau. Il n'y a jamais eu de guerre sans que le vainqueur n'ait subi quelques dommages. La victoire de la révolution est inéluctable puisqu'elle va dans le sens de l'histoire. »

Peut-on douter, conclut-il, de la victoire définitive des forces soutenues par les nouvelles aspirations ?

Tchernychevski apparaît donc, en 1861, comme le chef incontesté d'un courant radical russe. Il en est non seulement le porte-parole mais aussi le théoricien. Sa participation à la première organisation révolutionnaire, « La Volonté du Peuple », sera la conclusion logique de son engagement.

La théorie des travailleurs

En 1860, Tchernychevski concentre tous ses efforts en direction de l'*intelligentsia* révolutionnaire qu'il a réunie autour de son programme de libération des paysans. Ayant démontré la nécessité de la révolution, dénoncé les tares du régime tsariste et du mouvement libéral, il perçoit le danger d'un soulèvement populaire sans dirigeants.

Persuadé qu'il ne faut rien attendre de la réforme, il s'attache désormais à devenir le guide moral, la référence intellectuelle des jeunes révolutionnaires. C'est pourquoi son action revêt avant tout un caractère idéologique : il lutte pied à pied contre les tenants de l'économie politique officielle, ne manque jamais l'occasion de flétrir le libéralisme. Il insiste sur la condition matérielle et morale du peuple et la nécessité de mettre fin définitivement à la situation dans laquelle celui-ci est enfermé depuis des siècles. Ce tournant de 1860 constitue la base théorique de l'organisation révolutionnaire « La Volonté du Peuple ». L'article évoqué précédemment, « Capital et travail », expose des méthodes d'investigation de type matérialiste qui vont former des générations de révolutionnaires, à commencer par Lénine.

Dès 1859, Tchernychevski entreprend de poser les fondements d'une approche matérialiste des problèmes qui se posent à la Russie. En 1860, dans deux articles retentissants, « La lettre de province » et « La paresse du grossier petit peuple », il dénonce la duplicité du gouvernement. Il y réaffirme la nécessité de trancher la question par la hache. Dans un nouvel article, « Le principe anthropologique en philosophie », il fonde le manifeste des « Hommes nouveaux » qui soulève d'indignation les milieux libéraux et attise l'opposition entre les démocrates révolutionnaires et le mouvement réformiste.

La réforme interpelle Tchernychevski sur un point fondamental, celui de l'intervention de l'État. Il y consacre un article : « Le rachat des terres est-il difficile ? » Il démontre que l'État doit prendre à sa charge le rachat des terres en répartissant le plus équitablement possible le poids de cette opération entre les différentes catégories de la population. L'immense pouvoir de l'État incite à remettre en question la théorie du « laisser faire » et à proposer les fondements d'une nouvelle économie politique baptisée la «théorie des travailleurs».

Face à la toute-puissance de l'État, la théorie du «laisser faire» apparaît comme un leurre. Dans un écrit de 1859, «L'activité économique et la légalité», Tchernychevski analyse ce que représente en réalité l'État. Il constate que les lois sont l'expression des groupes dominants. Ainsi, en Russie, la loi a-t-elle un caractère de classe: elle défend les intérêts des féodaux.

Le rédacteur du *Contemporain* pointe le danger qui menace une société où «il existe une inadéquation entre les moyens de contenter les besoins des hommes et ces besoins eux-mêmes». Le but de toute économie politique est de tendre au bien-être matériel de l'homme. Or celui-ci dépend du travail, des richesses produites par l'activité humaine. Il faut donc s'interroger sur les formes de production et de répartition des richesses qui permettent d'atteindre ce bien-être.

«Le travail se fait entièrement par le petit peuple», note Tchernychevski, distinguant le travail productif et le travail non productif.

> «Le premier est celui qui a pour résultat les produits nécessaires au bien-être de l'homme. Le second, c'est le travail qui n'accroît pas le bien-être.»

Tchernychevski partage avec les économistes de la «vieille théorie» l'idée que le moteur de la production est l'intérêt personnel. Le travailleur doit être le propriétaire de l'objet qui sort de ses mains. Or, en Europe occidentale, les travailleurs sont soumis «aux calculs du capitaliste». Et ce sont ceux qui ne produisent pas les richesses qui perçoivent la plus grosse part des revenus. Ainsi donc, si l'on veut encourager le travail, il faut que le producteur soit le propriétaire de ce qu'il fabrique. Au passage, Tchernychevski montre que les conditions de travailleur salarié et d'esclave ne sont pas éloignées.

> « L'esclave reçoit son salaire en nature et est logé. Le travailleur est payé en argent et là-dessus il doit trouver un gîte. Mais la quantité de salaire est la même dans les deux cas : elle doit permettre d'assurer ses besoins vitaux. »

En opposition à la théorie dominante énoncée par les capitalistes, Tchernychevski propose sa « théorie des travailleurs » dont le principal objectif est une juste répartition des richesses. Pour l'atteindre, il faut admettre par principe que toute valeur est l'œuvre exclusive du travail et qu'en conséquence cette œuvre doit revenir à celui qui en est l'auteur. « La tâche consiste donc à se donner les moyens de créer un ordre économique qui assurerait cette exigence de bon sens. »

Selon cette thèse, il convient d'assurer aux travailleurs la propriété des moyens de production. En comparaison de la théorie précédente, formulée en particulier par Smith et Ricardo, la « théorie des travailleurs » se caractérise par une approche innovante de la sociologie du travail.

> « La théorie précédente dit : tout est le produit du travail. La nouvelle théorie ajoute : c'est pourquoi tout doit appartenir au travail. La théorie précédente dit : liberté du travail. La nouvelle théorie ajoute : et indépendance des travailleurs. »

Tchernychevski pose ainsi les fondements d'une organisation économique basée sur la satisfaction des besoins des travailleurs, le produit de leur activité devant leur revenir. Dans ses commentaires sur les idées de Stuart Mill, il montre que le capitalisme correspond à une étape du processus historique et qu'il porte en lui les germes de sa propre destruction.

Les travaux d'économie politique de Tchernychevski alimentent les réflexions du courant radical rassemblé autour de lui. Ils sont débattus au sein de la première organisation révolutionnaire, « La Volonté du Peuple ». La « théorie des travailleurs » constitue une référence solide pour les propagandistes de la révolution populaire, aussi bien russes qu'allemands, dont Marx lui-même. Notons que le rédacteur du *Contemporain* a l'intention de dénoncer le caractère de classe de la « théorie précédente » et de mettre en évidence le rejet du principe de l'entente par les tenants de la « vieille école ». Son arrestation l'en empêchera.

Une proclamation incendiaire

Dans les premières semaines de 1861, le Conseil d'État travaille à l'achèvement du projet d'abolition du servage. C'est au cours de cette période agitée qu'est diffusée une proclamation s'adressant directement aux paysans. Il ne s'agit plus ici d'une banale critique du projet gouvernemental mais d'une tentative d'action directe, appelant les paysans à se soulever contre le pouvoir tsariste.

Dans ce texte intitulé : « Aux paysans des seigneurs, ceux qui leur veulent du bien », Tchernychevski dénonce le caractère esclavagiste de la réforme. « Les usages en vigueur aujourd'hui, écrit-il, ne sont pas très bons mais ceux qui vont être mis en place par le manifeste du tsar et les décrets ne seront pas meilleurs. C'est seulement dans les mots qu'il y a du changement. Les appellations sont différentes, voilà le changement. »

Le révolutionnaire prédit que le « paysan va tomber dans un asservissement qui sera bien pire que celui qui existait jusqu'alors. » Analysant le système de découpage des terres et du rachat, il souligne que le paysan sera dans un état de dépendance totale vis-à-vis de son maître. Puis il évoque le sort des paysans qui seront incapables de racheter leurs parcelles. Ils seront chassés de leur village et viendront grossir les effectifs ouvriers dans les fabriques.

La première partie de la proclamation, rédigée dans un style proche de celui du peuple, dissèque point par point le contenu du manifeste. La seconde développe une mise en accusation du tsar et de la noblesse. « Le tsar ne savait-il pas ce qu'il faisait ? Vous jugerez vous-même s'il est sage de penser cela. Donc, il savait. Songez à ce que vous espériez de lui. Il vous a menti, il vous a trompé. N'attendez pas de lui la liberté qu'il vous faut. D'ailleurs, qui est le tsar sinon un propriétaire ? » Et les nobles ne sont que les « serviteurs du tsar ».

Tchernychevski persuade les paysans que le manifeste impérial ne leur donne aucune liberté, que les tsars, dans des pays tels que la France et l'Angleterre, relèvent de la souveraineté du peuple qui les élit et les destitue s'ils ne lui plaisent pas. Il invite les « paysans des seigneurs » à se concerter secrètement pour obtenir leur liberté. Puis, quand les conditions du succès seront réunies, il s'engage à donner le signal de l'insurrection[83]. L'auteur de la proclamation élabore un plan d'agitation. Ce plan sera retenu contre lui dans l'acte d'accusation qui, plus tard, le condamnera.

83. Cité d'après Burcev, *op. cit.*

Comme on peut en juger, la proclamation de Tchernychevski est un texte de propagande destiné à soulever les paysans contre le pouvoir tsariste, en évitant que ce soulèvement ne se produise avant l'heure. Elle a aussi un caractère pédagogique, prodiguant des conseils aux paysans.

Dans un article de 1862 au titre évocateur, « Avons-nous appris ? », il confirme qu'un parti d'action est nécessaire. De là découle son rapprochement avec des publications clandestines comme *Velikorus* dont la critique du libéralisme est intransigeante. Maître à penser de l'*intelligentsia* révolutionnaire, Tchernychevski prend la tête d'un mouvement d'agitation qui gagne les rangs de la petite noblesse. Conscient que le peuple est incapable de triompher seul, il estime indispensable de guider et d'approfondir le mécontentement qui s'empare d'une partie de la société russe. Ainsi s'explique, pour une bonne part, la rédaction des « Lettres sans adresse » en février 1862, dont la publication est interdite par la censure.

S'adressant directement à l'empereur comme Herzen l'a fait en 1855, Tchernychevski dénonce dans cinq lettres le caractère funeste de la réforme. Celle-ci est si contraire aux intérêts et aux aspirations légitimes de la paysannerie qu'on peut craindre une révolte. Un soulèvement aurait pour conséquence la destruction à la fois du pouvoir et de l'*intelligentsia*.

Dans sa première lettre, il confirme qu'il existe en Russie deux forces antagonistes : celle des conservateurs représentée par le pouvoir et celle dont il est le porte-parole. Si le gouvernement refuse de faire droit aux exigences du peuple, il risque d'être balayé.

Dans ses quatre autres lettres, Tchernychevski analyse le mécontentement qui gagne la noblesse et évoque de nouveau la controverse sur les sommes de rachat demandées aux paysans. Il démontre que ceux-ci devront payer plus qu'ils ne payaient avant leur libération.

La conclusion du rédacteur du *Contemporain* est sans appel : il convient de creuser la brèche qui s'est ouverte dans l'édifice en exploitant toutes les formes possibles d'action légale afin d'obtenir des concessions du pouvoir tsariste. Son arrestation, le 7 juin 1862, mettra fin à ses ambitions. Désormais privé de participation au combat politique, il sera un guide de l'*intelligentsia* révolutionnaire. Son roman *Que faire ?* est une réponse politique, économique et éthique aux questions que se posent les jeunes révolutionnaires.

Que faire ?

S'il ne peut mener à bien son *Dictionnaire critique des faits et des idées*, Tchernychevski laisse à la nouvelle génération un roman à caractère encyclopédique, *Que faire ?*, écrit à la forteresse Pierre et Paul. On y trouve exposés des problèmes aussi divers que le rôle du travail, le but de l'éducation, l'émancipation de la femme, la construction d'une société future. Dans une lettre adressée à sa femme à laquelle il dédie son livre, il insiste sur la nécessité d'apprendre aux hommes « à penser et à vivre ».

Que faire ? est un roman politique et polémique. La critique y verra une charge contre *Pères et fils* de Tourgueniev.

Dans *Que faire ?*, Tchernychevski dresse le tableau des rapports sociaux qui devraient s'imposer en Russie. Son héroïne, Vera Pavlovna, est victime, comme beaucoup d'autres femmes, de rapports basés sur l'intérêt et le mensonge. Il appelle la nouvelle génération à la lutte pour transformer la société sur des principes socialistes. Dans le cœur des révolutionnaires, le roman renforce l'espoir dans l'avenir. La révolution qui s'incarne dans la personne d'une jeune femme exhorte la jeunesse à s'engager sur la voie du progrès, même si cette voie est semée d'embûches. L'auteur s'attache à convaincre que les « Hommes nouveaux » sont les hommes de l'avenir.

Pour Tchernychevski, le révolutionnaire Rakhmetov est un individu entièrement libre. Il agit selon ce qu'il pense de lui-même. Il est son propre juge de paix. Il choisit l'action la plus noble, la plus difficile, car il ne veut pas s'abaisser lui-même.

Les héros de *Que faire ?* comprennent que le bien de tous est aussi leur bien. Ce qui est avantageux à tous l'est aussi à chacun d'eux. L'essentiel est de transmettre à la jeune génération une morale qui se substitue à la morale des classes conservatrices. Selon Lénine, « le prolétariat a sa morale ; tout ce qui va dans l'intérêt du prolétariat en tant que classe est bon ; et tout ce qui lui nuit est mauvais ». Ainsi reprend-il à son compte les thèses de l'auteur de *Que faire ?*

Tchernychevski dresse le portait des hommes de demain. « Chacun d'entre eux est un homme audacieux qui n'hésite pas, ne recule pas, qui sait se mettre à l'ouvrage et qui, s'il s'y met, alors le saisit bien, afin qu'il ne lui glisse pas des mains. C'est un aspect de ses qualités. L'autre est son honnêteté, une honnêteté sans faille qui ne souffre pas que l'on pose cette question : Peut-on vraiment compter sur cet homme ? Cela est évident, comme il est évident qu'il respire. » Ce type d'hommes encore peu nombreux, fait observer l'auteur, grandit en Russie.

Tchernychevski s'arrête sur une idée qu'il a déjà développée dans son article « Capital et travail ». Il définit une nouvelle fois ce qu'est le travail humain. Cette définition éclaire les fondements de la société que les héros de son roman veulent construire. Les « Hommes nouveaux » considèrent en effet que la force motrice de la vie humaine est le travail. Cette idée constitue la ligne de partage entre les « Hommes nouveaux » et les autres courants de pensées. Pour les « Hommes nouveaux », le travail et le plaisir se conjuguent pour satisfaire les besoins de l'organisme. Leur réflexion les conduit à conclure que la déficience des sociétés humaines provient de deux causes : la pauvreté et l'oisiveté. Ces deux causes ont une origine commune : l'état chaotique du travail.

Le travail et la rémunération évoluent dans une relation contradictoire : plus il y a de travail, moins il y a de rémunération. De ce fait, sur une extrémité de l'échelle sociale se tiennent les oisifs, tandis que sur l'autre se tiennent les travailleurs. L'oisiveté et la pauvreté génèrent chacune leur part de fléaux sociaux. On ne peut s'établir dans la concorde et l'harmonie que lorsque ceux qui travaillent ne s'opposent pas.

Le roman pose la question : que faire pour parvenir à un tel accord ? Une fois de plus, Tchernychevski réaffirme sa conviction que la victoire de la révolution est inéluctable. C'est ce qui transparaît du deuxième rêve de Vera Pavlovna. L'auteur assure que les forces hostiles au changement créent les conditions favorables à celui-ci. « Par le jeu naturel du changement, les mauvais, ceux qui sont hostiles au progrès, ceux qui défendent la société en place, disparaîtront. »

Dans le quatrième rêve de Vera Pavlovna, Tchernychevski décrit le Palais de Cristal où vivent dans l'harmonie les travailleurs. La liberté y règne. La science est au service du travail et contribue à faire progresser les techniques : les déserts sont irrigués, les rendements améliorés. Le travail accompli, les membres de l'entreprise peuvent se divertir, se cultiver, car les hommes et les femmes du Palais de Cristal sont des êtres libres. Or pour être libre, « l'homme ne peut vivre qu'avec des égaux. Il n'y a pas de liberté dans des rapports de supérieur à inférieur. Avec l'empereur, c'est l'ennui ; avec son égal, c'est la joie complète».

Ainsi donc, l'un des grands mérites du socialisme est cet amour qui naît de l'égalité entre les hommes et les femmes. Mais comment donner vie à cette société ? Tchernychevski ne berce pas la jeunesse d'illusions. «Il se passera beaucoup de générations avant que ne se réalise pleinement ce que tu as prévu. [Le «tu» désigne Vera Pavlovna dialoguant avec la révolution qui prend dans ses rêves les traits d'une jeune femme.] Non, pas beaucoup de générations. Mon travail va vite, plus vite chaque année… Tu connais l'avenir. Il est clair, il est beau. Aimez-le, aspirez à lui, travaillez pour lui, transportez-le dans le présent autant que vous pouvez le faire.»

Ce «transportez-le dans le présent» éclaire un autre aspect du roman. Tchernychevski attire l'attention de la nouvelle génération sur les tâches pratiques qu'elle doit assumer dans l'immédiat. Son programme d'action vise à la création d'ateliers de type coopératif. L'héroïne parvient à mener son projet à bien, même si le révolutionnaire Rachmetov y décèle quelques imperfections. L'association modèle est celle où tous les travailleurs sont égaux. Dans l'atelier que fonde Vera Pavlovna, les couturières n'ont pas encore acquis une pleine indépendance. Cet atelier est surveillé par des agents du pouvoir. À la fin du roman, l'auteur n'exclut pas que des révolutionnaires soient arrêtés. Ils doivent se préparer à cette éventualité.

Dans le fonctionnement de l'atelier, Tchernychevski montre que l'association permet aux hommes et aux femmes de s'épanouir. Ils finissent par apprécier la valeur du travail et par nourrir l'exigence d'une société fondée sur l'égalité dont l'idéal est représenté par la communauté villageoise.

Très attaché à celle-ci, l'auteur situe pourtant son roman en milieu urbain. C'est dire que son programme a une ambition immédiate car l'*intelligentsia* révolutionnaire est surtout agissante en ville.

Dans son roman, Tchernychevski se réfère au modèle de l'Entente formulée dans « Capital et travail ». Il énonce de nouveau les principes généraux de son économie politique, au travers d'un récit romanesque. Tout concourt dans ce livre à séduire l'*intelligentsia* révolutionnaire : les héros sont inspirés d'hommes et de femmes que l'auteur connaît. Leurs problèmes sont ceux de la nouvelle génération.

Le révolutionnaire aborde l'une des grandes questions de son temps, celle de l'émancipation de la femme. Songeons que le personnage principal du roman est une femme, sensible à l'évolution de ses sentiments et de sa conscience politique. Tchernychevski persuade ses lecteurs que la libération de la femme passe par la lutte pour une société plus juste, car son asservissement est lié lui aussi au régime tsariste.

Achevé le 4 avril 1863, *Que faire ?* marque le retrait de son auteur de la scène politique russe, son testament politique et philosophique. C'est désormais à la jeune génération qu'il reviendra d'écrire l'histoire du mouvement révolutionnaire en Russie.

Prolog

Dans un roman qu'il écrit durant sa détention en Sibérie et qu'il intitule *Prolog*, Tchernychevski revient sur l'activité qu'il a déployée intensément de 1857 à 1862 et qui s'achève soudainement en 1863. Dans les personnages de ce roman, on reconnaît l'auteur lui-même et son ami Nikolaï Dobrolioubov. Rédigé entre 1867 et 1870, *Prolog* a un sous-titre : « Roman du début des années soixante ».

Le révolutionnaire brosse le tableau de la lutte sociale en Russie à la veille de la réforme. Deux courants s'opposent. D'un côté les libéraux que Tchernychevski blâme pour leur esprit d'intrigue et leur lâcheté. Certes, ils ont conscience qu'une réforme est nécessaire et qu'ils doivent l'imposer aux propriétaires les plus conservateurs. Mais ils renâclent à accorder aux paysans les garanties de leur liberté. Comment, d'ailleurs, les libéraux pourraient-ils agir autrement ? Ils sont eux-mêmes des propriétaires.

À l'inverse, les démocrates révolutionnaires défendent les intérêts du peuple. Ils accueillent avec mépris les réformes que prépare le gouvernement et l'activité bruyante et vaine des « progressistes libéraux ». Une seule solution au problème paysan : la révolution. Volgine déclare : « Je ne souhaite pas qu'aient lieu des réformes quand les conditions ne sont pas requises, les conditions indispensables pour que ces réformes se fassent d'une manière satisfaisante. »

Tchernychevski démontre dans *Prolog* qu'aucune réforme n'est concédée par le pouvoir autocratique sans que ce pouvoir n'y ait été contraint. Et quand ces réformes voient le jour, elles ne règlent jamais les grandes questions qui se posent au pays et, en premier lieu, le servage. Car ce sont les tenants du pouvoir qui les élaborent. Leur volonté n'est-elle pas de préserver ce qui est acquis ?

Tchernychevski dénonce de nouveau le piège du libéralisme. Il indique que les démocrates révolutionnaires ne sont jamais tombés dans ce piège, même s'ils ont, par réalisme politique, concédé une brève alliance avec les libéraux. Il nous livre les trois conclusions fondamentales qu'il tire de cette période, exprimées dans le titre de son ouvrage :

– La guerre de Crimée a été le prologue à la réforme.

– La réforme a été elle-même le prologue à des changements révolutionnaires.

– Les hommes qui engagent ces changements ont compris, comme Volgine, qu'il faut s'appuyer sur le peuple, donner à ce peuple une conscience politique, le doter de combattants dévoués et énergiques.

Ces combattants énergiques ne sont pas dépourvus d'arguments. Le mouvement qu'ils représentent a des racines politiques, économiques, philosophiques et éthiques qui sont le fruit de la bataille qu'a menée Tchernychevski pendant six ans autour du projet de réforme. Au terme de cette période, le révolutionnaire apparaît comme l'un des pères du populisme. Le courant qu'il anime s'imposera en pleine lumière au début des années soixante-dix.

La réforme est donc liée intimement à la formation idéologique du révolutionnaire, à la naissance d'un courant radical et d'une organisation, « La Volonté du Peuple », dont Tchernychevski est l'inspirateur. L'importance de ses travaux est reconnue non seulement par les révolutionnaires des années soixante-dix mais aussi par ceux des décennies suivantes.

Une influence durable

Dans son ouvrage *La Russie clandestine*, Sergueï Kravtchinski écrit : « La succession de la tradition idéologique a été assurée par les révolutionnaires des années soixante-dix. » Un autre écrivain soviétique, L. Sisko, met l'accent sur l'influence du rédacteur du *Contemporain* : « Vers le début des années soixante-dix, on comptait déjà un nombre assez important de personnes parmi la jeunesse estudiantine sous le charme des idéaux socialistes, tels qu'ils avaient été introduits dans la littérature des années soixante par Tchernychevski et Dobrolioubov[84]. »

Soulignons que les travaux de Tchernychevski, et en particulier ses réflexions sur les « Fondements de l'économie politique de Mill », sont perçus comme une réaction aux illusions subjectives. Au programme des étudiants en économie de l'université de Saint-Pétersbourg figurera « Capital et travail ».

Notons aussi que les écrits du rédacteur du *Contemporain* sur l'*obchtchina* suscitent un grand intérêt dans les milieux révolutionnaires. La correspondance de Marx et Engels, de 1870 à 1890, témoigne de la considération que portent les penseurs allemands et russes à l'analyse de la question paysanne développée par Tchernychevski.

Les membres de la section russe de la première Internationale rappellent, dans une lettre adressée à Marx le 12 mars 1870, qu'ils sont les disciples de Tchernychevski. Postérieurement à l'édition russe du *Capital*, Marx réaffirmera son admiration et son respect pour le « grand savant et critique », auteur d'un jugement approprié sur la communauté paysanne dans les années soixante.

C'est probablement Lénine qui a souligné avec le plus d'empressement l'importance de l'œuvre qu'a laissée derrière lui le rédacteur du *Contemporain*. Voici ce qu'il écrit à propos du roman *Que faire ?* :

> « Avant de découvrir Marx, Engels, Plechanov, seul Tchernychevski avait une influence sur moi. Celle-ci avait commencé avec *Que faire ?* Le grand mérite de Tchernychevski a été de montrer non seulement que

84. Citation que l'on trouve dans l'ouvrage de V. A. Malinin, *Filosofija revoljucionnovo narodnicestva*, Moscou, 1972.

> tous les hommes aux idées saines et justes doivent être des révolutionnaires mais encore ceci, qui est plus important : quel que soit le type de révolutionnaire que l'on doive devenir, quelles que soient les règles qui doivent être les nôtres, Tchernychevski nous a indiqué comment aller jusqu'au bout, par quelles méthodes, par quels moyens y parvenir. Devant ce mérite, toutes ses erreurs s'atténuent[85]. »

Lénine fait ce portrait de Tchernychevski :

> « Il existe des musiciens dont on dit qu'ils ont l'oreille absolue. Il existe aussi des gens dont on peut dire qu'ils possèdent le sens absolu de la révolution. Ce fut le cas de Marx comme de Tchernychevski. Personne comme Tchernychevski n'a compris, n'a jugé avec une telle sûreté, une telle clairvoyance, une telle force, la nature vile du libéralisme, toujours prêt à toutes les trahisons[86]. »

Malgré un nouvel environnement économique et l'apport déterminant du marxisme, Tchernychevski demeure un symbole dans le cœur et l'esprit des révolutionnaires russes, le symbole de l'homme nouveau, du démocrate résolu à défendre les intérêts populaires, hostile au réformisme, soucieux de bâtir un avenir meilleur. S'il apparaît comme le père du populisme, au même titre qu'Herzen, il se montre le précurseur du marxisme en Russie par sa contribution à l'élaboration d'une philosophie matérialiste, d'une conception dialectique de l'histoire.

---

85. Cette citation est tirée d'un ouvrage de Valentinov sur Lénine, publié à New York en 1953.
86. *Ibid.*

Observons enfin que Tchernychevski est le premier révolutionnaire russe à saisir la nécessité d'une économie politique nouvelle, fondée sur la satisfaction des besoins des travailleurs. Cette avancée décisive lui confère une place éminente dans le mouvement révolutionnaire russe.

Il est fondamental d'insister sur la corrélation existant entre l'écriture de cette œuvre et la réforme de 1861. C'est de la bataille menée par le rédacteur du *Contemporain* qu'est né le contenu d'une philosophie dont la portée dépasse largement le cadre du populisme. Ne retrouve-t-on pas dans la société soviétique, dans sa littérature, des jeunes héros luttant pour promouvoir l'idéal des « Hommes nouveaux » ?

V
VERS LE RÉGICIDE

« La Jeune Russie »

En mai 1862 paraît à Saint-Pétersbourg une proclamation intitulée « La Jeune Russie ». L'auteur est un adolescent de dix-neuf ans, Piotr Zaïtchnevski, incarcéré dans une prison de Moscou pour propagande révolutionnaire. Son message est sans ambiguïté :

> « La Russie entre dans la période révolutionnaire de son existence. »

Il ne s'agit plus, comme précédemment, d'un avertissement lancé à l'autocratie, mais d'une révolution populaire, sans pitié. « Souviens-toi, lit-on dans la proclamation, qui ne sera pas avec nous sera contre nous ; ceux qui s'opposeront seront nos ennemis ; or il convient d'exterminer les ennemis par tous les moyens[87]. » La police ne parvient pas à identifier l'auteur du tract.

De sa cellule, le jeune révolutionnaire énonce les idées discutées au sein d'un cénacle d'étudiants, parmi lesquels un ami proche, Pericles Argyropulo, et un individu appelé

87. Cité d'après Burcev, *op. cit.*

à devenir un personnage central de la subversion, Serguei Netchaïev.

L'historien anglais, Tibor Szamuely, observe que Zaïtchnevski n'était sans doute guère conscient de l'effet percutant de sa proclamation sur les obédiences radicales de Russie et de sa profonde influence sur les destinées du mouvement révolutionnaire. «Il créa la tendance révolutionnaire connue sous le nom de "jacobinisme russe"[88].»

Piotr Zaïtchnevski en appelle aux ancêtres révolutionnaires, mais pas n'importe lesquels.

> «Nous serons plus cohérents, non seulement que les pitoyables révolutionnaires français de 1848, mais aussi que les grands terroristes de 1792. Nous ne prendrons pas peur si nous nous apercevons que, pour renverser l'ordre actuel, il nous faut verser trois fois plus de sang que ne l'ont fait les jacobins français.»

Est-ce à dire qu'en Russie, la révolution sera trois fois plus sanglante qu'en France ?

L'auteur de «La Jeune Russie» se déclare un fervent partisan de la décentralisation.

> «Nous voulons mettre à la place du régime despotique une union républicaine fédérative. Le pouvoir doit passer dans les mains d'assemblées nationales et régionales... Chaque région sera composée de communes rurales dont chacun devra faire partie... Nous exigeons l'indépendance complète de la Pologne et de la Lituanie qui ont nettement démontré leur désir de ne pas rester unies à la Russie... Le jour est proche où nous

88. Tibor Szamuely, *The Russian Tradition*, Londres, 1974.

> déploierons la grande bannière de l'avenir, la bannière rouge, et où nous nous dirigerons en criant : Vive la République russe, sociale et démocratique, contre le Palais d'Hiver, pour abattre ceux qui y vivent. »

La proclamation inquiète le pouvoir. En en prenant connaissance, le tsar note en marge du texte : « Son contenu est si criminel et dangereux que je juge nécessaire d'arrêter Zaïtchnevski et Argyropulo et de les emmener ici avec tous leurs papiers. Je veux savoir qui ils sont. »

Le 27 avril 1862, le prince Dolgoroukov, chef de la police d'État, présente à Alexandre II un rapport détaillé. Il y constate que les concessions libérales ont abouti à priver le pouvoir de toute initiative. Il exige l'arrestation de cinquante suspects, dont Tchernychevski. À quand les représailles ?

Il ne faudra guère attendre. À la fin du mois de mai, une série d'incendies se produit inopinément dans la capitale. Et quand, le 28 mai, un incendie gigantesque embrase le marché Apraxine, principal centre commercial de Saint-Pétersbourg, beaucoup pensent que la révolution est en marche, d'autant que la proclamation « La Jeune Russie » circule à travers la ville, appelant aux incendies et aux meurtres. En quelques heures, plus de deux mille boutiques sont détruites. Le feu menace de s'étendre aux édifices proches du ministère de l'Intérieur, du ministère de l'Instruction publique, de la Banque d'État, de la Bibliothèque nationale et du Corps des pages.

> « Je me trouvais justement au Corps des pages, relate l'aristocrate révolutionnaire Kropotkine, ayant aperçu de nos fenêtres d'immenses colonnes de fumée ; nous courûmes vers l'incendie. L'aspect était terrible : le feu

> crépitait. Se dirigeant d'un côté à l'autre, il encerclait les boutiques tel un serpent immense ; là-dessus il se soulevait en hauteur en formant de nouvelles colonnes de fumée qu'un vent violent dispersait au-dessus des toits… Les autorités avaient perdu la tête. Il n'y avait alors dans toute la ville qu'une seule lance d'incendie installée aux usines de Kolpino, à trente kilomètres du centre[89]. »

Il n'y a rien là de tellement surprenant car, comme la plupart des villes russes, Saint-Pétersbourg est construite en grande partie en bois. Chacun s'attend à ce que sa maison soit la proie des flammes. Et pourtant, l'affolement s'empare de la population. On veut découvrir les coupables. Où les trouver sinon parmi ces jeunes gens qui prêchent la subversion, s'attaquent à la famille, aux autorités et même à la personne du « petit père, le tsar » ? Tourgueniev, de retour de l'étranger, s'entend dire de tous côtés : « Voici l'œuvre de vos amis, les nihilistes. Ils ont voulu brûler notre capitale. »

En 1862, Ivan Tourgueniev, dans son roman *Pères et fils*, enrichit le lexique russe d'un nom nouveau : « nihiliste ».

> « Il est un homme qui ne s'incline devant aucune autorité, qui n'accepte sur parole aucun principe. Nous devons agir en vertu de ce qui nous paraît utile. Or actuellement, ce qui est le plus utile, c'est de nier, donc nous nions… Il n'y a pas une seule institution de notre société qui ne doive être détruite. »

Nihiliste, c'est ainsi que se désigne le héros de *Père et fils*, Bazarov. Conçu par l'écrivain comme un pastiche

89. Piotr Kropotkine, *Mémoirs of a revolutionist*, New York, 1899.

du très influent critique littéraire Nikolaï Dobrolioubov, Bazarov devient le modèle du nihiliste, rejetant tout et tout le monde. Le précepte de Bakounine : « L'esprit de destruction est esprit de création », tient lieu de programme aux « Hommes nouveaux », aux nihilistes, à l'*intelligentsia*. L'un des représentants les plus en vue de cette *intelligentsia* dans les années 1860-1870, Dimitri Pissarev, résume ce programme :

> « Il faut briser ce qui peut l'être ; tout ce qui supportera le choc sera valable, tout ce qui volera en éclats ne sera que vieilleries bonnes à mettre au rebut ; de toute façon, il faut frapper de droite comme de gauche, cela ne peut ni ne pourra faire de mal[90]. »

De mauvais pressentiments

Au début du XIXe siècle, Joseph de Maistre affirmait qu'un soulèvement en Russie ne serait pas l'œuvre des paysans mais des « Pougatchev de l'Université ». Il avait raison. Au milieu du siècle apparaissent des groupes d'étudiants rebelles, des « Hommes nouveaux ». S'affranchissant des contraintes étatiques, ils entreprennent de délivrer le peuple.

Ils ont conscience de leur aptitude à le diriger, d'une part parce qu'ils veulent son bien, d'autre part parce qu'ils prétendent savoir comment répondre à ses aspirations.

« L'histoire de la pensée sociale russe est l'histoire de l'*intelligentsia* russe[91] », écrira en 1911 un historien qui fait du critique littéraire Vissarion Bielinski « l'étendard

90. D. I. Pisarev, *Socinenija*, Moscou, 1955.
91. Ivanov-Razumnik, *Istorija russkoj obscestvennoj mysli*, Saint-Pétersbourg, 1911.

de l'*intelligentsia* russe». Ses admirateurs le qualifient de «Vissarion furieux». Lénine verra en lui le précurseur de l'«évincement complet des nobles du mouvement de libération du peuple».

Bielinski définit le rôle de l'écrivain au sein de la société russe : il est un guide, un défenseur du peuple contre l'autocratie malfaisante. À son point de vue, un mauvais livre est pardonnable tandis qu'un livre nuisible condamne son auteur. Autrement dit : l'art est accessoire, l'idéologie bien-pensante est première.

Les critiques littéraires se rattachant aux thèses de Bielinski pèsent sur le jugement des lecteurs. Eux seuls déterminent si tel livre est bon, passable ou préjudiciable à la cause de l'*intelligentsia*. Ils sont désormais les guides de la pensée. À Bielinski succède Pissarev, à Pissarev Tchernychevski, à Tchernychevski Dobrolioubov.

Parmi eux, Pissarev occupe une place à part. Écrivant dans la *Parole russe* et tirant les conséquences des nouvelles théories, il se déclare opposé à tout mysticisme, à toute métaphysique. Il tolère l'existence d'une philosophie contemplative, mais pour autant qu'elle contribue «à l'évolution, au changement des forces sociales et des rapports entre hommes». La science est pour lui la seule source de vérité ; la peinture et la poésie ne peuvent servir, dans le meilleur des cas, qu'à illustrer les phénomènes révélés par les recherches scientifiques[92].

Mikhaïl Bakounine avertit :

> «Il faut que notre esprit apprenne à comprendre l'esprit du peuple et que nos cœurs s'accoutument à battre à l'unisson de son cœur grandiose mais qui nous reste

92. A. Coquart, *D. Pissarev*, Paris, 1945.

> obscur. Nous devons voir en lui non pas un moyen mais une fin, ne pas le considérer comme un matériau de révolution conforme à nos idées, comme de la chair à libération[93]. »

Le 28 juin 1841, Bielinski écrit à un ami :

> « Je commence à aimer l'humanité à la façon de Marat : pour faire le bonheur d'une minorité d'entre elle, il me semble que je serais prêt à exterminer tout le reste par le fer et le feu[94]. »

En 1862, les auteurs de la proclamation « La Jeune Russie » ne sont pas moins expéditifs : « Imaginez qu'un beau jour tous les ministres, toute l'aristocratie, tous les propriétaires terriens disparaissent, la Russie ne s'en apercevra même pas. »

L'*intelligentsia* russe se radicalise. À dix-sept ans, l'un des principaux idéologues de la mission de l'« Homme nouveau », Piotr Tkatchev, déclare que, pour assurer le succès de la révolution, il faut couper la tête à tous les Russes âgés de plus de vingt-cinq ans[95]. Dans son roman *Nulle part*, dirigé contre le nihilisme et incendié par la critique libérale, Nikolaï Leskov donne la parole au nihiliste Bytchkov : « Noyer la Russie dans le sang, égorger tout ce qui a cousu des poches à son pantalon, cinq cent mille, un million, cinq millions… et alors ? Anéantir cinq millions de personnes, mais il en restera cinquante-cinq et elles seront heureuses[96]. »

---

93. Mixail Bakunin, *op. cit.*
94. Ivanov-Razumnik, *op. cit.*
95. A. Anenskaja, *« Iz proslyx let », russkoe bogatstvo*, 1913.
96. N. S. Leskov, *« Nekuda », sobranie socinenij*, Moscou, 1956.

En 1871, Fiodor Dostoïevski publie *Les démons*. Les «fanatiques de l'amour de l'humanité», selon son expression, y tiennent les mêmes propos que Bytchkov. L'un des démons les plus intransigeants, Chigaliov, propose «le paradis, le paradis sur terre, car aucun autre ne peut exister en ce monde». Pour mériter ce paradis, il convient d'anéantir les neuf dixièmes de l'humanité. Seul le dixième restant y accédera.

Les années 1860 qui s'ouvrent sur l'abolition du servage et l'instauration de profondes réformes apportent à la Russie le pressentiment d'une bourrasque imminente. Les «impatients», selon une expression de Leskov, les «ultra-progressistes», comme les désigne Nikitenko, sont obsédés par l'opportunité d'une révolution. En septembre 1861, les étudiants de l'université de Saint-Pétersbourg se mettent en grève. Ils veulent ainsi protester contre le renvoi d'un professeur dont l'enseignement est dénoncé par la censure. C'est la première grève étudiante dans l'histoire du pays. Elle est encouragée par l'écrasante majorité des professeurs.

Il est désormais courant de dénigrer le gouvernement, note Alexis Nikitenko dans son journal. *La Cloche* de Herzen, diffusée dans toute la Russie, y compris à la cour, s'exprime sur un ton angoissé :

> «De tous les points de notre immense patrie, du Don et de l'Oural, de la Volga et du Dniepr, un gémissement s'élève et prend de l'ampleur, le tumulte monte. C'est le premier grondement de la vague marine écumante, annonciatrice de tempêtes.»

La révolte des étudiants incite le révolutionnaire de Londres à rédiger un article intitulé «Le troisième sang».

> « Au sang polonais, au sang paysan, s'est ajouté le sang de la meilleure jeunesse de Pétersbourg et de Moscou. »

Herzen abuse quelque peu ses lecteurs car le sang des étudiants n'a pas coulé. Tout au plus, les grévistes les plus radicaux ont été exclus de l'université. Mais le pouvoir, en plein désarroi, ne sait comment venir à bout de ce conflit. Herzen s'adresse aux étudiants :

> « Vos plaies sont sacrées, vous ouvrez une nouvelle ère de notre histoire, avec votre concours la Russie entre dans son deuxième millénaire qui pourrait bien commencer par le renvoi des Varègues au-delà des mers. »

L'auteur vise ici les Romanov, héritiers de Rurik.

Le gouvernement peine à prendre des mesures adaptées à la situation. On juge les auteurs de proclamations. Le procès politique le plus médiatisé est celui de Tchernychevski, accusé d'avoir rédigé la proclamation : « Aux paysans des seigneurs, ceux qui leur veulent du bien. »

Le 17 mai 1864, Nikitenko consigne dans son journal : « Aujourd'hui on annonce dans *Les nouvelles de la police municipale de Saint-Pétersbourg* que, mardi 19 mai, à huit heures du matin, la condamnation de Tchernychevski sera rendue publique, place des Douanes. » L'auteur de *Que faire ?* est condamné à sept ans de travaux forcés, puis à l'exil à vie en Sibérie. Le tribunal s'était prononcé pour quatorze ans de bagne, mais le souverain a réduit la sentence de moitié. Quatre jours plus tard, Nikitenko demande à un sénateur de ses amis si la culpabilité de Tchernychevski est juridiquement établie, ainsi que les attendus du jugement le laissent penser. Le sénateur répond : « On ne dispose pas de preuves juridiques mais naturellement la conviction morale est entièrement contre lui[97]. »

Le Conseil d'État qui condamne Tchernychevski n'a pas réuni les preuves de sa culpabilité mais il est profondément convaincu de châtier le guide de ces « Hommes nouveaux » qui ébranlent le pouvoir dans ses fondements.

La décennie amorcée en 1855 s'achève sur les procès politiques, la fermeture de l'université de Saint-Pétersbourg, la suspension pour huit mois des revues révolutionnaires *Le Contemporain* et *La Parole russe*. Les réformes et, en premier lieu, l'abolition du servage ont donné naissance à une nouvelle classe sociale, l'*intelligentsia*, qui s'arroge le droit de conduire le peuple vers le bonheur. Ce faisant, elle s'oppose violemment au pouvoir dont elle devient l'adversaire irréductible.

L'attentat de Karakosov

Le 4 avril 1866, un étudiant, Dimitri Karakosov, tire sur le tsar en promenade au Jardin d'Été de Pétersbourg. « Il le manqua malheureusement », écrira un historien soviétique[98]. L'impact sur le pays est immense.

« Tu es sans doute Polonais ? demande Alexandre II au terroriste. – Non, je suis absolument russe. – Alors pourquoi avoir attenté à mes jours ? » interroge l'empereur, incapable de comprendre qu'un Russe puisse tirer sur un tsar russe. Et il entend en réponse : « Quelle liberté as-tu donc donnée aux paysans[99] ? » Le coup de feu de Karakosov inaugure une nouvelle phase du mouvement révolutionnaire en Russie.

97. A. V. Nikitenko, *op. cit.*

98. N. Troickij, *« Podvig nikolaja kljucnikova », prometej.*

99. Franco Venturi, *Les intellectuels, le peuple et la révolution. Histoire du populisme russe au* xix*e siècle*, Milan, 1952.

Le lendemain de l'attentat, l'ambassadeur de France, le baron de Talleyrand, rédige à l'intention de son gouvernement la dépêche suivante :

> « L'empereur a échappé hier au plus grand péril. Vers quatre heures de l'après-midi, Sa Majesté sortait du Jardin d'Été où elle avait fait sa promenade journalière. Le duc de Leuchtenberg et sa sœur la princesse de Bade venaient de prendre congé de l'empereur ; un des deux agents de police qui sont toujours à la porte, lui tendait son manteau. Un groupe s'est formé, composé de plusieurs hommes du peuple et de quelques individus portant le costume bourgeois ; tout à coup un de ces derniers tira de la poche de son paletot un pistolet à deux coups et dirigea le canon vers Sa Majesté. Un moujik qui se trouvait à côté le vit, poussa un cri : "Que fais-tu là ?", avança la main et releva vivement l'extrémité de l'arme qui partit en l'air. La balle passa si près de la joue de l'empereur qu'il l'entendit siffler à son oreille. La foule se rua sur l'assassin qui n'eut pas le temps de tirer son second coup de feu et lui aurait probablement fait expier son crime sur-le-champ, sans l'intervention de l'empereur qui défendit formellement qu'on lui fît le moindre mal. "Pourquoi m'arrêtez-vous ? s'écria cet homme. Je me dévoue pour vous. Je suis un paysan, l'empereur vous a trompés, il ne vous a pas donné assez de terres." »
>
> « Il fut fouillé sur-le-champ. On trouva dans sa poche un papier sur lequel était écrit, avec plusieurs ratures, d'une écriture qui ne pouvait être celle d'un homme du peuple : "L'empereur nous a trahis, il ne nous a pas donné une quantité suffisante de terre..." On a

découvert également dans sa poche deux proclamations révolutionnaires. »

« L'auteur de l'attentat était vêtu, au moment de son arrestation, d'un paletot sous lequel il portait une chemise russe qui recouvrait une chemise blanche ordinaire. D'après son langage et ses manières, on présume qu'il appartient à une classe plus élevée que celle qu'indiquait son costume. Il a avoué qu'il méditait depuis un an le projet de tuer l'empereur et qu'il avait distribué quatre-vingts proclamations pareilles à celle trouvée sur lui, parmi les ouvriers de la capitale. Tout indique donc que c'est l'émissaire d'un parti et que son crime n'est pas l'œuvre d'un fanatique isolé[100]. »

Dans une série de nouvelles dépêches, le diplomate français renseigne Paris sur la personnalité de Komissarov, l'homme qui a sauvé la vie au tsar.

« Âgé de vingt ans seulement, il est petit, blond, mince, fluet. Il a l'air maladif. Sa physionomie, assez intelligente du reste, conserve, au milieu des élans de l'enthousiasme universel, une mélancolique impassibilité... Sa culture, si j'ose employer cette expression, n'est point encore achevée. Le linge blanc et une large redingote ont remplacé sa chemise rouge et la touloupe, mais il a conservé les grandes bottes du moujik. Il est père d'un enfant en bas âge. Sa femme semble supporter avec plus de force que lui le poids de la bonne fortune. Son père et sa mère ont été en Sibérie pour inconduite.

100. Le baron de Talleyrand à Drouyn de Lhuys, le 17 avril 1866, Archives du Quai d'Orsay.

Ses deux frères ont été faits soldats. Il ne sait ni lire ni écrire. Tel est en quelques mots, Monsieur le Ministre, le nouveau gentilhomme que l'empereur vient d'incorporer à sa noblesse. »

« Le sauveur Komissarov, simple ouvrier chapelier, était dans une position voisine de la misère : il habitait, avec huit autres personnes de sa famille, une chambre qu'il louait un rouble par mois. En faisant une promenade sur le quai, il avait vu des attroupements aux abords du Jardin d'Été, dans l'attente de la sortie de l'empereur. Il se mit au premier rang. Un autre homme parvint à le dépasser et à se placer devant lui. Ce fut alors qu'il le vit tirer un pistolet de sa poche et ajuster l'empereur. Il prit le seul parti que lui permit la rapidité avec laquelle tout se passa ; il souleva d'un coup de poing le coude de l'assassin et le coup partit en l'air… Quand il rentra chez lui et raconta qu'il avait sauvé l'empereur, sa femme crut qu'il avait trop bu ou qu'il était devenu fou, et ceci jusqu'au moment où elle vit apparaître dans sa demeure un officier envoyé du palais. »

« La reconnaissance de l'empereur n'a été surpassée que par celle de la Russie. Sa Majesté a fait son sauveur noble, la nation l'a fait millionnaire. La ville de Moscou seule lui a offert, dit-on, plusieurs centaines de mille roubles et des souscriptions ont été ouvertes dans beaucoup d'endroits pour augmenter le chiffre de sa dotation. Chaque soir on traîne au théâtre le pauvre héros étourdi par tant de bonheur et les ovations populaires ne cessent que pour faire place au chant dix fois répété de l'hymne national. Le comte Orlov-Davydov, maréchal de la noblesse, l'a invité à dîner chez lui et plusieurs personnages haut placés veulent l'avoir à leur table. Un dîner lui a été offert au Club anglais. On y a porté des toasts en prose et en vers. On a bu à l'empereur, à Komissarov, à la ville de Moscou. La noblesse a également offert un banquet à son nouveau membre[101]. »

Comme on peut l'observer, l'ambassadeur de France est parfaitement informé. Il ne peut encore savoir, car seule l'enquête l'établira plus tard, que l'auteur de l'attentat s'appelle Karakozov et qu'il est étudiant à l'université de Moscou.

Les répercussions de l'attentat ne tardent pas. Le jour même, le chef des gendarmes et de la Troisième Section, le prince Vassili Dolgoroukov, dont « la droiture et l'honorabilité sont universellement reconnues[102] », présente sa démission à l'empereur. Lui succède un homme d'une grande fermeté, le comte Chouvalov. Le poste de gouverneur général de Saint-Pétersbourg attribué au prince Souvorov, apprécié de tous, est supprimé. Le général Trepov, qui s'est illustré dans la répression du soulèvement de Varsovie, est nommé préfet de police de la capitale. Le bourreau de la Lituanie, Mikhaïl Mouraviev, surnommé « Mouraviev la potence », est chargé de l'enquête sur l'attentat.

En raison du silence obstiné de Karakozov, il faut plusieurs jours pour que la vérité apparaisse. Tenus pour organisateurs, les membres du groupe révolutionnaire clandestin de Moscou, animé par Ichoutine, sont arrêtés. Les comparses sont condamnés aux travaux forcés, Ichoutine et Karakozov à la peine de mort. La peine d'Ichoutine sera commuée au

101. Le baron de Talleyrand à Drouyn de Lhuys, 28 et 29 avril 1866, Archives du Quai d'Orsay.
102. Talleyrand à Moustier, 23 avril 1866, Archives du Quai d'Orsay.

dernier moment en celle de travaux forcés à perpétuité. Karakozov, lui, sera exécuté sur l'aire de Smolensk. « Le condamné est monté avec courage sur l'échafaud devant une foule immense ; une fois sur la plate-forme, il s'est livré sans résistance, après s'être agenouillé et avoir fait sa prière[103]. » Immortelle et sainte Russie !

L'empereur engage un durcissement de sa politique. Il énonce les grandes lignes de son nouveau programme dans une lettre adressée, le 13 mai 1866, au prince Gagarine, président du comité des ministres. On y trouve formulée la nécessité de maintenir une stricte discipline dans l'administration et d'élever la jeunesse « dans un esprit religieux, dans le respect du droit de la propriété et des principes fondamentaux de l'ordre public... Pour assurer le succès définitif des mesures adoptées contre les funestes doctrines qui se sont développées dans la société et qui tendent à ébranler les bases fondamentales de la religion, de la moralité et de l'ordre public, tous les chefs des grandes administrations de l'État doivent avoir en vue le concours de ces éléments conservateurs, de ces forces vives et saines dont la Russie a été de tout temps et est encore, grâce à Dieu, l'abondant foyer. Ces éléments résident dans toutes les classes de la société auxquelles sont chers les droits de la propriété, de la possession foncière garantie et consacrée par la loi, les droits publics fondés sur la loi et définis par elle, les principes d'ordre et de sécurité publics, les principes de l'unité et du bien-être permanent de l'État, les principes de la morale et les vérités sacrées de la religion ».

L'ère du libéralisme et des grandes réformes semble s'être refermée. Les ministres qui ont collaboré aux changements s'en vont les uns après les autres. En mars 1868, Valouïev

103. Archives du Quai d'Orsay.

est congédié pour être remplacé par le général Timachev, précédemment ministre des Postes et Télégraphes. À la justice, le comte Pahlen succède au libéral Zamiatnine. La Russie entre dans une période de réaction. Son gouvernement croit avoir trouvé la parade aux menées révolutionnaires. Le répit sera de courte durée.

L'aller au peuple

Après l'attentat de Karakozov, les jeunes révolutionnaires sont contraints de se replier dans la clandestinité. Les représailles policières les incitent à fuir à l'étranger, souvent en Suisse. C'est là que vont se former de nouveaux courants d'idées. On en finit avec les rêves. Il s'agit désormais de bâtir un programme cohérent. À l'origine de cette transformation profonde de la mentalité révolutionnaire se trouvent trois hommes : Netchaïev, Tkatchev et Lavrov.

Fils de paysan à la figure large de Kalmouck, ancien instituteur de village, Serge Netchaïev est un aventurier mythomane plus qu'un révolutionnaire au sens étymologique du mot. L'histoire de sa vie se lit comme un roman[104]. En Suisse, il se présente au vieux Bakounine en tant que délégué d'un puissant comité secret, fruit de son imagination. Il revient en Russie muni d'un certificat de la section russe de l'Alliance révolutionnaire européenne, produit de ses talents de faussaire. À Moscou, il compromet la réputation des révolutionnaires en faisant assassiner un membre de son cercle qui a répugné à exécuter ses ordres. Ses complices sont arrêtés, condamnés à la prison et aux travaux forcés. Lui parvient à s'échapper.

104. Voir l'étude de René Cannach, *Netchaïev. Du nihilisme au terrorisme*, Paris, 1961.

À Genève, il rédige son *Catéchisme révolutionnaire*, appelé à la célébrité. On y lit :

> « Le révolutionnaire est un homme qui a lui-même tranché tous les liens qui l'unissent à la société... Il n'a rien à soi, ni intérêts, ni sentiments, ni attachements, ni propriété, ni nom ; tout est englobé par un seul et unique intérêt, par une seule et unique pensée, par une seule passion, la révolution. »

Quand on lit *Les Possédés* de Dostoïevski, Netchaïev apparaît sous les traits sataniques de Verkhovenski. Son activité de propagandiste influencera les jeunes jacobins russes en leur fournissant une méthode dont ils s'inspireront largement.

Piotr Tkatchev, lui, contribue à l'élaboration d'une doctrine nouvelle. Né dans une famille de la petite noblesse provinciale, étudiant à Saint-Pétersbourg, disciple de Tchernychevski, il prend part à de nombreuses organisations clandestines. Il est arrêté à plusieurs reprises avant de s'expatrier en Suisse. L'un des premiers à faire connaître en Russie le matérialisme marxiste, il rêve d'un futur État de travailleurs selon les idées de Proudhon et de Blanqui. Tout en croyant possible de sauver la commune rurale et de favoriser un essor industriel, il se refuse à voir dans le moujik révolté et ignorant ce « brave paysan » dont on a fait un mythe. Selon lui, il faut lutter, avoir recours à la violence, sans jamais oublier que la conquête du pouvoir n'est que le prélude de la vraie révolution sociale.

Le troisième homme, Piotr Lavrov, naît en 1823. Professeur de mathématiques à vingt et un ans, poète, philosophe, sociologue, il donne un fondement théorique et scientifique au programme de l'*intelligentsia*. Fixant pour objectif la révolution paysanne, il estime qu'elle ne pourra se produire qu'au moment où les masses populaires auront atteint un assez haut niveau de conscience.

De 1861 à 1869, Lavrov publie ses *Lettres historiques* dans lesquelles il exhorte les intellectuels à « aller au peuple ». Plus tard, il livrera ce commentaire :

> « Aller au peuple, cela signifiait rompre tous les liens avec le passé, quitter parents, amis, études, situation sociale et se consacrer au service des masses... Les travaux forcés ? Mais est-ce que le peuple, pour qui désormais nous voulons vivre, n'a pas travaillé et ne travaille pas pire que les forçats pour un misérable morceau de pain ? Les fers ? Mais est-ce que le peuple est libre ? Il est l'esclave de la misère comme nous sommes de misérables esclaves de la plus misérable des tyrannies. »

Selon Lavrov, il faut aller au peuple afin de le rééduquer à l'aide d'une longue propagande, dans l'esprit du socialisme.

Le succès des *Lettres historiques* ne peut être comparé qu'à celui de *Que faire ?* La jeunesse estudiantine entend l'appel de Lavrov. Des cercles se forment dans les villes universitaires pour se préparer à « aller au peuple ». La jeunesse apprend des métiers adaptés aux réalités des campagnes. L'historien du populisme note que la volonté d'« aller au peuple » fut un « acte de rousseauisme collectif[105] ».

Les *Lettres historiques* rappellent aux classes intellectuelles leurs devoirs envers le peuple. Parmi elles, les populistes se donnent pour but de soulever les masses paysannes. Leur détermination est sans borne.

---

105. Franco Venturi, *op. cit.*

Le principal chef du groupe des populistes est Nicolas Tchaikovski, disciple de Tchernychevski et de Dobrolioubov. Il est un idéaliste de la pure espèce. Il l'est resté jusqu'à un âge avancé, quand il vient à Paris au lendemain de la Première Guerre mondiale, après avoir dirigé, revenu de ses illusions, un gouvernement de «Russes blancs» installé par les Anglais à Arkhangelsk.

La figure la plus emblématique de ce groupe est Sophie Perovskaïa, future grande terroriste. Fille d'un général gouverneur militaire de Saint-Pétersbourg, elle grandit dans le faste d'un domaine familial. Après quelques apparitions dans le grand monde de la capitale, elle renonce à ses anciennes relations, s'installe dans une maison modeste de la banlieue et se consacre entièrement à l'activité révolutionnaire. L'aristocrate rouge Kropotkine, devenu son ami, fait d'elle un portrait pittoresque :

> «En voyant cette ouvrière, vêtue d'une robe de laine, chaussée de lourdes bottes, la tête simplement couverte d'un fichu de coton, nul n'aurait pu reconnaître en elle la jeune fille qui, peu d'années auparavant, brillait dans les salons les plus aristocratiques de la capitale. Elle était notre préférée à tous... Ferme comme l'acier, elle ne se laissait pas impressionner par la pensée de la mort, la vision de l'échafaud. Elle me disait un jour : "Nous avons entrepris de grandes choses." Deux générations peut-être succomberont à la tâche et pourtant il faut qu'elle s'accomplisse[106].»

Durant l'été 1874, les jeunes vont «au peuple». Ils sont environ deux mille cinq cents à se rendre dans les villages

106. Piotr Kropotkine, *op. cit.*

pour se faire instituteurs, employés, médecins, vétérinaires, boutiquiers, infirmiers. Certains veulent seulement venir en aide au peuple. D'autres, radicaux ou révolutionnaires, nourrissent des projets plus ambitieux. Les partisans de Bakounine mettent tous leurs espoirs dans une révolution populaire et spontanée qu'il leur suffirait de déclencher. Les disciples de Lavrov croient, eux, aux vertus d'une éducation progressive des masses par la propagande. Seul un tel apprentissage les rendra capables de renverser l'ancien régime et de fonder un ordre nouveau.

La croisade populiste est un échec. Dans les provinces de la Volga, la propagande des jeunes révolutionnaires trouve un certain écho. Mais dans la plupart des régions, les paysans, surpris par l'apparition de cet essaim de propagandistes, venus de la ville pour leur tenir des propos abscons, les livrent aux autorités. Dans un rapport à l'empereur, le comte Pahlen fournit quelques données chiffrées :

> « Sept cent soixante-dix personnes sont arrêtées, dont six cent douze jeunes gens et cent cinquante-huit jeunes filles. Deux cent soixante-cinq suspects sont gardés en détention, les autres sont relâchés contre le versement d'une caution. Seuls cinquante-trois propagandistes parviennent à éviter l'arrestation[107]. »

Sur l'action de ces populistes, la postérité portera un jugement sans aménité. Tout en rendant justice à leur héroïsme, tout en reconnaissant leur rôle de précurseurs dans le mouvement révolutionnaire, les censeurs soviétiques observent que les méthodes de lutte qu'ils avaient

107. Franco Venturi, *op. cit.*

choisies, et surtout la théorie sur laquelle ils s'appuyaient, étaient profondément erronées.

> «Ils idéalisaient le paysan et appréciaient de façon incorrecte le rôle des masses populaires dans l'histoire. Leur point de vue sur la commune rurale ne tenait pas compte des nouvelles conditions historiques créées en Russie par l'essor du capitalisme et l'apparition d'un prolétariat industriel[108]. »

Quant aux contemporains, c'est plutôt de l'indifférence qu'ils manifestent à l'égard des populistes. L'écrivain satirique Saltykov-Chtchedrine écrit au sujet de ces révolutionnaires improvisés: «Ce sont des hommes qui ont commencé à lire sans avoir appris l'alphabet et à marcher sans savoir se tenir droits.»

L'échec de «l'aller au peuple» signe celui des idées de Piotr Lavrov. La jeunesse révolutionnaire revient à la tactique de l'action directe. Le noyau des organisations révolutionnaires naissantes, «Terre et Liberté», «La Volonté du Peuple», sera formé par les acteurs de la croisade rurale.

Montée de la terreur révolutionnaire

Le 24 janvier 1878, Vera Zassoulitch, vingt-sept ans, tire sur le gouverneur de Saint-Pétersbourg, le général Trepov, et le blesse grièvement. Elle est aussitôt arrêtée.

Habitant au bord de la Volga, à quelques centaines de lieues de la capitale, Vera Zassoulitch apprend par les journaux que le gouverneur Trepov, réputé pour sa brutalité, a ordonné de fouetter l'étudiant Bogolioubov,

108. *Histoire du parti communiste de l'URSS*, Moscou, 1959.

détenu en forteresse. Elle ne connaît pas la victime mais, se voyant en Charlotte Corday, elle se constitue spontanément vengeresse de l'humanité.

Quelques mois plus tard, le 12 avril 1878, elle comparait devant le jury de la Cour d'assises. Le verdict ne semble pas faire de doute puisque le crime a été commis au grand jour et que l'accusée revendique sa culpabilité. Mais lors de l'audition des témoins se produit dans la salle une étrange inversion des rôles. L'accusée devient accusatrice et la victime accusée. Après quelques minutes de délibération, le jury se prononce pour l'acquittement dans une ambiance survoltée. Dehors, la foule acclame la jeune fille et veut la porter en triomphe devant la maison de Trepov. La police fait usage de ses armes pour disperser les manifestants. Dans la confusion générale, Vera Zassoulitch disparaît avec l'aide de ses amis, avant de s'enfuir à l'étranger.

Le scandale provoqué par le verdict et les incidents survenus à l'extérieur de la Cour d'assises est à son comble. Du jour au lendemain, Vera Zassoulitch devient un personnage incontournable de la scène internationale. Les journaux de nombreux pays consacrent dans leurs colonnes de larges développements à ce procès et à la situation politique en Russie[109].

Les chancelleries ne sont pas indifférentes à ce tapage médiatique. Les diplomates accrédités à Saint-Pétersbourg rédigent de longues dépêches à l'intention de leurs gouvernements. M. de Viel-Castel, chargé d'affaires de France, écrit : « Sauf dans la société tenant de près à la cour et au

109. G. Valbert écrit dans la *Revue des Deux Mondes* de mai 1878 : « Quarante-huit heures durant, l'Europe a tout oublié, la paix, la guerre, M. de Bismark, Lord Beaconsfield, le prince Gortchakov, pour ne s'occuper que de Vera Zassoulitch et de l'étrange aventure judiciaire dont cette inconnue a été l'héroïne. »

gouvernement, on trouve dans toutes les classes, et surtout dans la bourgeoisie, beaucoup d'esprits relativement modérés qui se félicitent de la décision des jurés et la considèrent tout au moins comme une protestation utile contre d'intolérables abus.»

En juin 1878, le général Le Flô, ambassadeur, résume ainsi la situation :

> «L'avenir nous apprendra dans quelle mesure la nouvelle direction imprimée à la législation criminelle assurera la répression des sectaires. Il est permis de craindre que le gouvernement impérial ne se soit pas suffisamment rendu compte du malaise de l'esprit public révélé par l'acquittement de Vera Zassoulitch. Pour dissiper la confusion et guérir le malaise, il semblerait nécessaire d'assurer d'abord aux citoyens des garanties plus efficaces contre l'arbitraire administratif ; il serait plus facile ensuite d'exiger de la magistrature et de l'opinion une meilleure défense de la société contre les vengeances[110].»

Le coup de feu de Vera Zassoulitch inaugure l'ère de la terreur révolutionnaire. Dans plusieurs villes, on tire sur les gendarmes, les procureurs, les ministres. Ensuite viendront les bombes. Dimitri Karakozov, on l'a dit, était membre d'un groupe clandestin. Ce groupe, dirigé par Nikolaï Ichoutine, est baptisé «L'Organisation». Le noyau dur de ses fondateurs porte un nom expressif : «L'Enfer».

Les années 1870 sont marquées par l'apparition de cellules terroristes appelées à se transformer en partis. Au cours du processus de maturation de ces partis,

110. Le Flô au duc Decazes, 3 juin 1878, Archives du Quai d'Orsay.

leurs acteurs épouvantent l'opinion par des noms fictifs, utilisant les mêmes méthodes que Netchaïev. Des proclamations annonçant des actions terroristes sont signées par un « Comité exécutif du Parti populiste révolutionnaire ». Elles se parent d'un sceau composé d'un revolver, d'un poignard et d'une hache. Le ministre de la Guerre, Dimitri Milioutine, note dans son journal : « Le projet diabolique d'une société secrète visant à terroriser toute l'administration commence à être couronné de succès[111]. »

Les attaques criminelles se multiplient. En mai 1878, un révolutionnaire poignarde à Kiev le baron Heyking, capitaine de gendarmerie. Dans la même ville, un attentat est commis contre le procureur. À Odessa, des révolutionnaires armés provoquent la police. À Moscou et à Kharkov, des manifestations dégénèrent. En août, le général Mezentsev, successeur de Potapov à la tête de la police, est poignardé en plein jour dans l'une des rues les plus passantes de Saint-Pétersbourg. Le chargé d'affaires de France rapporte :

> « D'après l'opinion publique la plus répandue, le coup de poignard serait une réponse à l'exécution récente du nihiliste Kovalevski à Odessa, et si l'intention des conspirateurs est de terroriser les personnages les plus importants de l'Empire, on doit convenir que leur victime était bien choisie car il était difficile de frapper plus près du trône... Le général Mezentsev était le représentant le plus élevé du régime inquisitorial qui existe encore en Russie. Mais si le motif des ennemis du gouvernement est facile à discerner, il est en revanche fort étrange qu'ils aient osé s'attaquer à l'homme qui, peut-être, de toute la Russie, devait être le mieux

111. D. I. MILJUTIN, *Dnevnik*, Moscou, 1950.

> informé de leurs coupables menées... Depuis trois jours, les assassins du malheureux Mezentsev l'attendaient à la même heure, au même endroit, arrivant dans le même *drochki* qui leur a permis de s'enfuir, sans que leurs allures aient donné lieu à aucune remarque de la part de la police, souvent observatrice de détails absolument insignifiants. Jusqu'à présent on n'a pu, assure-t-on, retrouver la trace des deux criminels[112]. »

On apprendra plus tard que l'unique assassin était Serguei Kravtchinski, vingt-sept ans, et qu'il était parvenu à s'enfuir à Londres.

Boris Tchitcherine évoque l'atmosphère du temps.

> « La pensée d'opposition peut toujours escompter être populaire. Chez nous, il faut de l'audace pour qu'un individu autonome soutienne, dans ses écrits, l'orientation gouvernementale. Car l'écrivain qui porte la marque officielle se prive instantanément de toute influence sur la société[113]. »

À côté de la censure gouvernementale apparaît, selon Tchitcherine, la « gendarmerie libérale » qui blâme sans nuances les idées contre-révolutionnaires.

Au début de l'année 1879, on assiste à une recrudescence des actions terroristes. Le 3 février, Grégoire Goldenberg tue d'un coup de revolver le prince Kropotkine, gouverneur de Katkov, cousin de l'ancien page devenu anarchiste. Le 13 mars, le général Drenteln, récemment nommé pour remplacer le général Mezentsev à la tête de la police d'État,

---

112. M. de Viel-Castel à Waddington, 11 août 1878 (Archives du Quai d'Orsay).

113. B. Cicerin, *op. cit.*

est à son tour victime d'un attentat commis avec une audace inouïe. Comme il se rend en voiture au Comité des ministres, longeant le quai de la Neva, un cavalier le dépasse au galop en tirant sur lui un coup de revolver. Drenteln donne ordre au cocher de se lancer à la poursuite du terroriste. On finit par découvrir dans une rue éloignée le cheval abandonné par le révolutionnaire qui s'est enfui en fiacre.

Cet attentat, accompli dans des circonstances rocambolesques en annonce un autre, infiniment plus grave. Cette fois, c'est l'empereur en personne qui est visé. Le 2 avril 1879, peu avant dix heures, Alexandre fait sa promenade habituelle. Il parcourt la rue Millionnaïa, le canal d'hiver, puis la Moïka et arrive à la place de l'État-major de la Garde. À cet instant, un jeune homme qui vient en sens inverse tire sur lui, à quelques pas de distance, un coup de revolver. Le tsar fait un mouvement rapide vers la droite ; le terroriste tire une deuxième fois ; le tsar court vers la gauche et une troisième balle siffle à ses oreilles. C'est alors seulement que la police, accourue sur les lieux, parvient à maîtriser l'auteur de l'attentat. Tandis qu'on le traîne au poste, il tente de s'empoisonner[114].

On apprendra qu'il est âgé de trente ans, qu'il s'appelle Alexandre Soloviev et exerce la profession d'instituteur. C'est tout ce que l'on peut tirer de lui. Condamné à la pendaison, il se contente de dire :

> « Influencé par des réflexions à propos de livres que j'ai lus, de contenu purement scientifique, entre autres ceux de Buckle et Draper, j'ai renié jusqu'à la croyance en Dieu comme en un être surnaturel... L'idée d'attenter aux jours de Sa Majesté est née en moi sous l'influence

114. V. Mestcherski, *Mes souvenirs*, Saint-Pétersbourg, 1897 et 1898.

des enseignements socialistes révolutionnaires ; j'appartiens au Parti socialiste révolutionnaire russe. »

Alexandre II passe l'automne 1879 dans son château de Livadia, en Crimée. Au retour de l'empereur à Moscou, un groupe de terroristes projette de faire sauter une mine sur le passage du train impérial, soit à Odessa, soit à Alexandrovsk, bourgade proche de Kharkov, soit aux portes de Moscou. Trois mois durant, ils procèdent aux préparatifs sans éveiller le moindre soupçon chez les habitants. L'idée d'Odessa est abandonnée à la suite d'un changement de l'itinéraire impérial. À Alexandrovsk, l'explosion ne se produit pas. Ne reste donc aux terroristes qu'à tenter leur chance à quatorze kilomètres de Moscou où ils ont loué un chalet et creusé le terrain depuis plusieurs semaines.

Ils connaissent le jour et l'heure du passage du train. Lorsqu'ils entendent le grondement de la locomotive, ils commandent l'explosion de la mine. Mais l'ordre de passage du train impérial et du train transportant les bagages du tsar a été inversé à la suite d'un accident de machine près de Kharkov. Le train impérial est épargné et l'empereur peut regagner Moscou sain et sauf. En apprenant le péril auquel il vient d'échapper, Alexandre II s'écrie : « Mais qu'ont-ils donc contre moi, ces misérables ? Pourquoi me traquent-ils comme une bête fauve ? » C'est, effectivement, l'existence d'une bête traquée qui attend désormais l'empereur.

Alexis Souvorine est le propriétaire du journal conservateur *Temps nouveau*. Le 20 février 1880, il consigne dans son journal les termes d'une conversation avec Dostoïevski, à propos d'un attentat dirigé contre le comte Loris-Melikov, président de la Haute Commission exécutive chargée de combattre le mouvement révolutionnaire. Bouleversé, l'auteur des *Démons* interroge Souvorine : « Si vous et moi avions par hasard, dans la rue, entendu parler d'une explosion en préparation visant le Palais d'Hiver, nous serions-nous adressés à un policier pour qu'il arrête les conspirateurs ou non ? » Souvorine répond : « Non, je n'y serais pas allé. » Et Dostoïevski de confirmer : « Moi non plus. » L'écrivain explique à son interlocuteur qu'une plainte déposée auprès de la police serait justifiée. « Simplement, la crainte de se faire passer pour délateur… les libéraux ne me l'auraient pas pardonné. Ils m'auraient torturé et j'en aurais été désespéré[115]. »

Fiodor Dostoïevski n'évoque pas par hasard une explosion au Palais d'Hiver. Le 5 février 1880, la salle à manger saute au moment où la famille impériale s'apprête à y pénétrer. Que s'est-il passé ?

Quelques mois auparavant, un homme se fait engager comme menuisier dans les ateliers du Palais d'Hiver, sous un nom d'emprunt. En réalité, il s'appelle Ivan Khaltourine et fait partie de l'organisation révolutionnaire « La Volonté du Peuple ». Tous les matins, il arrive au palais avec une charge de dynamite que lui fournit l'un des dirigeants de l'organisation, Andrei Jeliabov. Ces charges qui représenteront en définitive une cinquantaine de kilos, sont stockées dans une petite caverne d'où s'échappe une longue mèche.

En quittant son atelier, le 5 février 1880, en fin d'après-midi, Khaltourine assure Jeliabov que tout est prêt. À ce moment-là, dans ses appartements, l'empereur, entouré de sa famille, bavarde avec son beau-frère, Alexandre de Hesse, dont le train est arrivé à Saint-Pétersbourg avec un léger retard. Le tsar décide de retarder son dîner d'une demi-heure. Soudain, une terrible déflagration s'entend dans le centre de la capitale. Les murs du Palais d'Hiver tremblent,

115. Journal intime d'Alexis Souvorine, Paris, 1927.

les lumières s'éteignent, une odeur étouffante gagne toutes les pièces, les domestiques terrorisés cherchent à fuir. Lorsque les secours parviennent sur place, on découvre qu'une demi-douzaine de soldats ont été déchiquetés ou écrasés sous les décombres et que quarante-cinq autres ont été blessés plus ou moins grièvement.

Par sa décision de retarder son dîner, le tsar a échappé miraculeusement à la mort, une nouvelle fois.

« La Volonté du Peuple »

En 1863 apparaît une organisation antigouvernementale baptisée « Société Terre et Liberté ». Ayant interrompu ses activités, elle les reprend en 1874. On y retrouve l'esprit de renoncement des disciples de Tchaïkovski, l'impulsion religieuse de « l'aller au peuple » et le recours à des moyens d'action radicaux. À la propagande se substitue désormais l'usage systématique du terrorisme.

Des filiales de l'organisation clandestine s'implantent dans la plupart des régions. En 1875, deux cents travailleurs fondent à Odessa la première Union des ouvriers de la Russie méridionale, que la police dissoudra au bout de quelques mois. Des grèves se produisent en divers endroits du territoire. Au mois de décembre 1876, une foule en fureur se rassemble devant la cathédrale Notre-Dame de Kazan à Saint-Pétersbourg. Plekhanov, l'un des futurs idéologues de la révolution marxiste, auprès duquel, en exil, se formera Lénine, y prononce son premier discours public.

L'élan patriotique suscité par la guerre contre la Turquie en 1877-1878 tempère l'action subversive. Le gouvernement met à profit cette pause pour intenter un procès à cent quatre-vingt-treize révolutionnaires dont la plupart sont déjà incarcérés.

> « Leur longue détention, constate le chargé d'affaires de France, ne paraît pas avoir éteint leur fanatisme. C'est avec le plus grand dédain qu'ils refusent de répondre aux questions qui leur sont posées par les magistrats chargés de les juger. Ils sont prêts à partir pour la Sibérie et croient servir ainsi la bonne cause. En assistant à ce spectacle de décomposition sociale dont presque toutes les classes offrent plus ou moins un spécimen, on est tenté quelquefois de se reporter à certaines époques de l'histoire qui ont été le prélude de grandes révolutions[116]. »

Dans ce procès des cent quatre-vingt-treize, le Sénat fait preuve d'indulgence. Son verdict ne comporte qu'une seule condamnation au bagne.

Les dirigeants de « Terre et Liberté » sont actifs sur tous les fronts. Ils se réunissent périodiquement pour affiner leur programme, imprimer des tracts et animer un comité exécutif prêt à agir à tout instant. Ils se vantent d'avoir introduit l'un des leurs dans les locaux de la police secrète. Ils se disent scandalisés par un décret du 5 août 1879. Ce texte stipule que les accusés peuvent être jugés sans enquête préalable et mis à mort sans examen de leur pourvoi en cassation.

Au sein de « Terre et Liberté », deux courants de pensée s'affrontent. L'un d'eux, minoritaire, s'en prend à ceux qui ont prêché la bonne parole dans les campagnes, sans résultat. Ses théoriciens, empreints de l'idéologie révolutionnaire de Tchernychevski, parviennent à la conclusion qu'il faut frapper à la tête, abattre l'absolutisme.

116. M. de Laboulaye au duc Decazes, 8 octobre 1877, Archives du Quai d'Orsay.

Du 17 au 21 juin 1879, une conférence secrète organisée par « Terre et Liberté » se tient à Lipetsk, petite ville d'eau de la province de Tambov. Il s'agit de mettre sur pied un nouveau programme d'action. Une fois encore, les oppositions se combattent. Le plus talentueux orateur, Alexandre Mikhaïlov, prononce un réquisitoire sévère contre le tsarisme :

> « L'empereur a annihilé dans la deuxième partie de son règne presque tout le bien que des hommes progressistes lui avaient permis d'accomplir après la défaite de Sébastopol : la libération des serfs, la réforme judiciaire. Devons-nous pardonner, en raison de deux bons actes accomplis au début, tout le mal qu'il a fait depuis et qu'il fera par la suite ? »

À l'unanimité l'assemblée répond : non.

La conférence de Lipetsk se prolonge à Voronej. Cette nouvelle rencontre se solde par une scission en deux groupes : le « Partage Noir », qui préconise une éducation progressive par la propagande, et la « Volonté du Peuple » qui veut imposer une offensive terroriste contre le gouvernement. Le 26 août, les conjurés votent la condamnation à mort d'Alexandre II et élaborent les plans destinés à mettre rapidement ce verdict à exécution.

Jusqu'au 1er mars 1881, date de l'assassinat de l'empereur, c'est une véritable traque qui s'organise contre lui. Un petit groupe d'hommes, une vingtaine, résolus et prêts à tous les sacrifices, multiplie les attentats. Pareils aux figurants d'un théâtre, ils se répandent dans les régions de l'immense Russie, changeant d'état civil, d'accoutrement, de rôle. Ici jardiniers, la pioche à la main, là imprimeurs, ils semblent décupler leurs forces sur le terrain.

Ronald Hingley, spécialiste de la police secrète russe, s'interroge sur les motifs qui poussent les jeunes révolutionnaires à vouloir assassiner l'empereur. Certains estiment sans doute que la disparition du souverain suscitera un soulèvement populaire. D'autres attendent des réformes libérales de son successeur. Mais pour la majorité des terroristes, selon Hingley, l'idée de mettre fin aux jours de l'empereur répond à une obsession émotionnelle engendrée par l'incapacité des révolutionnaires à exercer une influence sur la société[117].

Le programme du comité exécutif de la « Volonté du Peuple » explique que « l'action terroriste... vise à saper le charme exercé par la force gouvernementale, à donner des preuves constantes qu'il est possible de lutter contre le gouvernement, à accroître ainsi l'esprit révolutionnaire dans le peuple, de même que la foi dans le succès de la cause, enfin à former des forces adaptées et habituées au combat[118] ».

Un programme que reprennent à leur compte, en le formulant de manière plus radicale encore, Marx et Engels, les futurs idéologues de la révolution russe : « Les agents du gouvernement, écrit Friedrich Engels en 1879, se livrent en Russie à d'incroyables cruautés. Il faut se défendre contre ces bêtes sanguinaires de toutes les façons possibles, en employant la poudre et les balles. Le meurtre politique est en Russie le seul moyen dont disposent les hommes intelligents, audacieux et qui ont le respect d'eux-mêmes, pour se protéger des agents d'un régime despotique inouï. » Six ans plus tard, Karl Marx rejoindra le point de vue de son ami Engels :

117. Ronald Hingley, *La police secrète russe*, Paris, 1972.
118. Burcev, *op. cit.*

> « La terreur des membres de la « Volonté du Peuple » est un moyen d'action spécifiquement russe, historiquement inéluctable, à propos duquel il convient aussi peu de moraliser, de se demander si l'on est pour ou contre, qu'au sujet du tremblement de terre de Chio[119]. »

À la tête de la « Volonté du Peuple » qui a condamné à mort Alexandre II, se trouve Andreï Jeliabov, d'origine serve. Remarquable organisateur, il a un grand ascendant sur ses camarades. Quand il est arrêté, son amie, Sophie Perovskaia, le relaie dans l'exécution de la sentence. Le 1er mars 1881, elle dirigera les lanceurs de bombes aux différentes étapes du parcours de l'empereur, contrôlant l'opération de bout en bout.

En 1937, une exposition sera organisée au musée de la Révolution, à l'occasion du vingtième anniversaire de la révolution d'Octobre. Alexandre Soljénitsyne rapporte que Staline décide de la visiter « afin de s'assurer qu'on n'y décelait aucune extravagance. À l'entrée de l'une des salles, il avait découvert avec une lucidité toute nouvelle les grands portraits de Jeliabov et Perovskaïa accrochés en haut du mur opposé. Leurs visages étaient francs, intrépides, leurs regards indomptables criaient à chaque visiteur : "Mort au tyran !" Percé à la gorge par la double flèche de ces regards de terroristes, il avait reculé et, secoué par une toux rauque, avait brandillé du doigt en direction des portraits. On les fit disparaître sur l'heure[120] ».

---

119. K. Marx, F. Engels, *Socinenija*.
120. Alexandre Soljénitsyne, *Le Premier Cercle*, Paris, 1982.

La dictature du cœur

Au lendemain de l'explosion du Palais d'Hiver, Alexandre II appelle à Saint-Pétersbourg Mikhaïl Loris-Melikov, gouverneur général de Kharkov où il est principalement chargé de combattre le terrorisme. Il préside d'abord la Haute Commission exécutive dont la mission est d'assurer la sécurité du pays, puis est nommé ministre de l'Intérieur. La Troisième Section lui est rattachée. Il concentre donc entre ses mains la plupart des leviers du pouvoir. Seule la politique étrangère échappe à son périmètre de compétence.

Alexandre II montre un grand courage en confiant le gouvernement du pays à un homme mal connu, né dans une famille de souche arménienne. Entré tout jeune au service de l'armée, il participe, en 1855, à la guerre contre les Turcs et est nommé l'année suivante général de brigade. Au cours de la campagne de 1877, il enlève la place forte de Kars. Promu héros national, élevé à la dignité de comte, il arrive à Saint-Pétersbourg à l'âge de cinquante ans, privé des appuis qui jalonnent généralement le parcours des hommes ambitieux.

Loris-Melikov est un serviteur de l'État d'une grande fermeté mais qui comprend la nécessité des réformes. Il est surnommé d'emblée le « dictateur de velours ». Rusé, souple, très habile, il sait s'adapter aux circonstances et soigner sa popularité.

Un événement contribue à rehausser la notoriété de Loris-Melikov. Le 20 février 1880, alors qu'il sort de l'hôtel ministériel, dans l'une des rues les plus fréquentées de la capitale, un jeune homme originaire de Minsk, Molodetski, tire sur lui deux coups de revolver dont les balles se perdent dans sa pelisse. Aussitôt, il arrête l'assassin de sa main et le remet aux gendarmes. Il procède lui-même à l'interrogatoire du terroriste et le fait pendre dans les quarante-huit heures, en plein jour, sur l'une des places de Saint-Pétersbourg.

Au cours des mois de mars et d'avril, la commission suprême que préside Loris-Melikov élabore une série de mesures destinées à coordonner l'action de la police et de la gendarmerie, à accélérer l'instruction judiciaire des crimes politiques et à réviser le système de la surveillance policière.

Dans les projets du « dictateur de velours », il y a l'élargissement du système d'autogestion locale (*self-government*), l'assouplissement de certaines exigences imposées à la presse par la censure, l'achèvement de la réforme paysanne par le rachat obligatoire de la terre, la mise à pied du réactionnaire ministre de l'Instruction publique, le comte Dimitri Tolstoï.

Ces objectifs rappellent le programme formulé par Boris Tchitcherine. L'essence de ce programme, que l'auteur qualifie de « libéralisme de sauvegarde », consiste à « concilier les principes de liberté avec ceux du pouvoir et de la loi. Sur le plan politique, son mot d'ordre est le suivant : des mesures libérales et un pouvoir fort. Des mesures libérales permettant à la société une activité autonome, garantissant les droits et la personne des citoyens, et préservant la liberté de pensée et de conscience... Un pouvoir fort, inspirant aux citoyens la certitude qu'aux commandes de l'État se trouve une main ferme, sur laquelle on peut compter, mais également une force raisonnable, qui saura défendre les intérêts de la société contre la pression des forces anarchiques et les glapissements des partis réactionnaires[121] ».

Loris-Melikov connaît la répugnance d'Alexandre II à se dessaisir de ses prérogatives. Aussi imagine-t-il la réforme la plus inoffensive pour obtenir le consentement

121. B. Cicerin, *op. cit.*

de l'empereur. Il entend faire appel au concours des forces nationales. Deux commissions seraient créées, semblables à celles qui avaient préparé en 1859 l'abolition du servage. Le travail de ces deux commissions, l'une administrative, l'autre financière, serait contrôlé par une commission mixte composée de fonctionnaires gouvernementaux et de représentants des *zemstvos* et des villes.

Alexandre II s'oppose à l'idée même d'une constitution. Mais le comte Loris-Melikov l'amène peu à peu à en admettre la nécessité. Ayant signé le 1er mars 1881 l'oukaze portant création de la commission mixte, le souverain déclare à ses fils : « J'ai donné mon accord pour cette représentation sans me dissimuler que nous étions sur la voie d'une constitution[122]. »

L'examen du texte par le conseil des ministres est fixé au 4 mars.

Une fin tragique dans le sang

L'accomplissement d'un régicide renferme une part de mystère. Que recherchent les quelques révolutionnaires qui s'apprêtent à mettre fin aux jours de l'empereur Alexandre ? Ce souverain n'est pas un usurpateur ; il a hérité de la couronne dans les conditions les plus légitimes. Il n'est pas non plus un despote quelque peu dément, comme le fut son grand-père Paul Ier, assassiné dans sa chambre au palais Michel par des officiers de la Garde. Il est un souverain bon, compatissant aux souffrances d'autrui, attentif au bien-être de son peuple. Les faiblesses de son caractère, les désordres de sa vie privée sont largement ignorés des révolutionnaires. Alors, pourquoi vouloir attenter à ses jours ?

122. Miljutin, *op. cit.*

Convaincu de la nécessité de faire disparaître l'empereur, Andreï Jeliabov prend tout naturellement la direction du complot. De ses ancêtres, il a reçu en héritage la haine de l'autocratie. Il n'oublie pas qu'enfant, il a entendu les gémissements d'un oncle fouetté dans l'écurie. Pour autant est-il bien venu à s'apitoyer sur son sort ? Son père a été l'intendant d'un riche domaine de Crimée. Lui-même, étudiant à l'université d'Odessa, a été, pendant des vacances d'été, gouverneur des enfants du comte Moussine-Pouchkine dans la province de Simbirsk. Puis il épouse la fille d'un riche propriétaire de la région de Kiev chez lequel il donne des leçons. Plus tard, il exploitera une ferme à son propre compte.

Jeliabov est irrésistiblement attiré par les idées débattues au sein des cercles révolutionnaires. Pour avoir participé à des manifestations, il est exclu de l'université. En 1877, il se trouve parmi les accusés du grand procès des cent quatre-vingt-treize. Acquitté faute de preuves, il sort de prison en révolutionnaire averti. Prenant une part active au congrès de Lipetsk, il en vient à penser que le régicide est le plus sûr moyen de parvenir à un régime constitutionnel. Il faut « pousser en avant la roue de l'histoire » en répandant la terreur[123].

C'est lui qui, déguisé en voyageur de commerce, pose une mine sous le passage du train impérial à Alexandrovsk. C'est encore lui qui fournit au menuisier Khaltourine la dynamite destinée à l'explosion du Palais d'Hiver. Dépité par ces deux échecs, il n'imagine pas rater sa troisième tentative.

123. A. VORONSKI, *Geliabov* (dans la série « Vie des hommes remarquables »), Moscou, 1934.

De forte carrure, d'une grande puissance physique, charmeur, Jeliabov est doué d'un pouvoir de séduction auprès des femmes, tant par son éloquence que par son expression corporelle. Séparé de son épouse, il gagne les faveurs de Sophie Perovskaïa. Celle-ci, très éprise de son amant, devient l'âme du complot. Elle communique à ses camarades la fièvre du fanatisme.

En observant attentivement les allées et venues de l'empereur, Jeliabov et Perovskaïa relèvent que, désormais, il s'absente rarement du palais, sauf le dimanche, au cours duquel, comme auparavant, il se rend à la relève de la Garde au manège Michel. Il faut donc mettre à profit ce déplacement pour l'abattre le plus sûrement.

Deux itinéraires permettent de relier le Palais d'Hiver au manège, l'un peu utilisé le long du canal Catherine, l'autre que l'empereur emprunte habituellement, par la perspective Nevski et par la rue Petite-Sadovaïa. Dès le 3 décembre 1880, un collaborateur de Jeliabov loue dans cette rue le sous-sol de l'ancien hôtel particulier des comtes Mengden et y installe une boutique de laiterie. Aussitôt, on se met à creuser le logement d'une mine que l'on fera sauter lors du passage de l'empereur.

Les autorités se trouvent quelque peu désorientées par les récentes directives de Loris-Melikov, par la suppression du Troisième Bureau, par des mesures interdisant les perquisitions et les arrestations arbitraires. Et pourtant, un heureux concours de circonstances permet de mettre la main sur Jeliabov dans une pension de famille où il rend visite à un ami et où la police a tendu un guet-apens.

L'arrestation du chef aurait dû semer le désarroi parmi les conjurés. Mais Sophie Perovskaïa se propose sur-le-champ de prendre la relève. À sa haine de l'autocratie s'ajoute sa détermination à obtenir la libération de son amant. Il n'y a pas lieu de tergiverser sur la date de l'assassinat de l'empereur. Il faut le tuer à la première occasion, c'est-à-dire le lendemain. On profiterait du désordre suscité par la mort du tsar pour faire sortir Jeliabov de sa prison.

Pendant ce temps, au Palais d'Hiver, Alexandre II ne change rien à ses habitudes. Il vient de prendre la décision de signer le manifeste rédigé par Loris-Melikov, impliquant la convocation des commissions composées d'élus des *zemstvo*s et des municipalités, en vue de promulguer une constitution.

Le samedi 28 février, après le déjeuner, le tsar reçoit Loris-Melikov, accouru pour annoncer l'arrestation de Jeliabov. Le ministre précise que des indices recueillis au cours de l'instruction indiquent l'imminence d'un nouvel attentat. La prudence la plus élémentaire devrait conduire à renoncer à la présence du souverain, le lendemain, à la cérémonie du manège. Mais Alexandre ne veut rien entendre. Ce qu'il ignore, c'est que l'arrestation de Jeliabov a pour première conséquence d'avancer la date de l'attentat.

Le dimanche 1er mars, Alexandre II convoque Loris-Melikov et lui remet le document signé. Il est définitivement décidé à se rendre au manège pour ne pas déroger à la tradition. Il est d'humeur joyeuse. Son exaltation est telle qu'il monte dans la chambre de Catherine, se jette sur elle dans un élan passionné et la prend à la hussarde. Cette scène digne d'un vulgaire roman-feuilleton sera révélée par Catherine elle-même au cours d'un entretien en 1887, à Biarritz, avec le docteur Botkine[124].

124. Correspondance du Dr Botkine avec le Dr Belogolovy (Recueil des Manuscrits de la Bibliothèque Lénine), Moscou, 1939.

Puis Alexandre monte dans sa voiture, en route vers son destin. Il donne l'ordre de ne pas emprunter l'itinéraire par la rue Petite-Sadovaïa mais celui par le canal Catherine.

Sur le terrain, Sophie Perovskaïa maîtrise la situation. Elle voit passer l'empereur par le canal Catherine et comprend qu'il rentrera par le même chemin. On ne fera pas usage de la mine posée sous la rue Petite-Sadovaïa. Quatre terroristes armés de bombes se dirigeront vers le canal dès que Sophie, postée à l'angle de la rue des Ingénieurs, leur fera signe avec son mouchoir.

Tout est prêt. On voit le coupé fermé de l'empereur avancer à vive allure. Un cosaque se tient assis à côté du cocher ; six autres galopent en encadrant la voiture. Plusieurs traîneaux accompagnent la suite dans lesquels se tiennent des représentants de la police et des gendarmes.

Sur le quai du canal Catherine, peu fréquenté, se produit une terrible explosion. L'un des terroristes a lancé sa bombe. Un jeune garçon et deux cosaques gisent sur le sol ; des chevaux sont tués ; des flaques de sang se répandent sur la chaussée.

L'empereur, lui, est sain et sauf. Selon le règlement, les cosaques du convoi devraient l'entourer aussitôt mais leurs chevaux se cabrent. Le tsar est seul sur le quai.

Les officiers de la police empoignent le criminel. Le colonel responsable de la sécurité du convoi supplie le souverain de s'éloigner du lieu de l'attentat et de prendre place dans l'un des traîneaux. Alexandre l'écarte d'un geste puis il se tourne vers l'assassin : « C'est toi qui as lancé la bombe ? C'est du propre. » Quelqu'un lui demande : « Votre Majesté n'est-elle pas blessée ? » Il répond : « Non, je n'ai aucun mal, grâce à Dieu. » L'assassin réplique : « N'est-ce pas trop tôt pour rendre grâce à Dieu ? »

À cet instant, un autre criminel qui se tient appuyé au parapet du canal, à deux mètres du tsar, lance la deuxième bombe. Le souverain est projeté à terre, le visage défiguré, le manteau arraché, les jambes broyées, perdant son sang à flots. Son assassin est mortellement blessé lui aussi, couché par terre à ses côtés, le dos contre le parapet. C'est alors que se produit la scène la plus inattendue. Le troisième lanceur de bombe se précipite pour porter secours à Alexandre après avoir caché le projectile sous sa chemise.

On ne peut plus rien pour l'empereur. Il est trop tard. À peine l'entend-on balbutier : « Portez-moi au palais… et là mourir. » Des cadets de la marine, présents sur les lieux, l'installent dans l'un des traîneaux. Ils couvrent son corps tremblant d'une capote. Le traîneau s'élance vers le Palais d'Hiver pour y ramener un mourant.

> « On apporta sur des civières les cosaques blessés et on les déposa au milieu de la salle ; des généraux les entourèrent et leur firent subir un interrogatoire. On montra le manteau militaire de l'empereur, déchiqueté, couvert de boue, de sang, d'éclats d'os et de chair. Beaucoup de personnes s'agenouillaient, en faisant le signe de la croix et en sanglotant devant cette relique. Des valets de chambre portaient des cuvettes pleines d'eau sanglante…
>
> « À un moment donné, une femme, tenant par la main un enfant et suivie de deux autres, traversa la salle, soutenue par le général Ryleïev. C'était la princesse Yourievski. On la voyait en public pour la première fois. Quelques minutes après, dans le cabinet où gisait Alexandre II, un cri terrible déchira toutes les oreilles : elle avait revu son mari. Loris-Melikov, dont quelques

heures auparavant tous recherchaient l'amitié, allait de l'un à l'autre, tâchait d'expliquer quelque chose et ne rencontrait que des visages froids et hostiles. "La voilà, votre constitution." Enfin le confesseur de l'empereur parut. D'une voix entrecoupée de larmes, il proféra lentement ces paroles : "Par la volonté de Dieu, l'empereur Alexandre II est décédé." Il y eut un silence. Tout le monde tomba à genoux[125]. »

Un autre témoin oculaire, le grand-duc Alexandre Mikhaïlovitch, neveu du tsar, livre dans ses Mémoires sa propre observation de cet événement tragique :

« Nous entrâmes au palais par une porte latérale : point n'était besoin de poser de questions, de larges taches de sang nous indiquaient la voie sur l'escalier de marbre et le long du couloir vers la chambre de l'empereur. Il était couché sur son lit près de son bureau. Les docteurs s'agitaient tout autour, visiblement impuissants. L'aspect de l'empereur était terrifiant. Son pied droit était arraché ; le pied gauche fracassé ; le visage et la tête couverts de blessures sans nombre. Un œil était fermé, l'autre sans aucune expression.

« À chaque instant entraient d'autres membres de la famille impériale. Je saisis la main de mon cousin Nicky [le futur Nicolas II]. Il était mortellement pâle dans sa chemise bleue de petit matelot... La princesse Yourievski entra en déshabillé et tomba devant le lit, en travers du corps de l'empereur, en lui baisant les mains

125. Comtesse Kleinmichel, *Souvenirs d'un monde englouti*, Paris, 1927.

et criant : "Sacha, Sacha !" La scène était infiniment pénible. Les grandes-duchesses se mirent à sangloter.

« L'agonie allait durer trois quarts d'heure. Nous nous approchâmes du mourant. L'œil sans expression était toujours fixé sur nous. "Sa Majesté l'empereur est mort", déclara le médecin de la cour. La princesse Yourievski poussa un cri strident et tomba comme un arbre fauché. Son négligé, blanc et rose, était tout ensanglanté. Nous nous agenouillâmes en prière. En me retournant à droite, je vis auprès de moi le nouvel empereur de Russie. Il avait subi d'un seul coup une étrange transformation. Une volonté sacrée se dessinait maintenant dans le regard froid et perçant d'Alexandre III.

« Il fit signe à sa femme et sortit de la chambre. Nous le vîmes par la fenêtre se diriger à grands pas vers sa voiture ; l'impératrice, toute menue, courait derrière lui. Il s'arrêta un instant pour répondre aux cris enthousiastes de la foule et partit vers le palais Anitchkov, accompagné d'un régiment entier de cosaques du Don. Leurs lances rouges brillaient gaiement sous les derniers rayons d'un crépuscule sanglant...

« Les traditions romantiques du passé et le point de vue sentimental sur le pouvoir suprême allaient être enterrés avec l'empereur Alexandre II... La Russie idyllique où le petit-père tsar régnait sur ses enfants fidèles avait cessé d'exister[126]. »

---

126. Grand-Duke Alexander Mikhaïlovitch, *Once at Grand Duke*, New York, 1952.

Le jeune secrétaire à l'ambassade de France, Eugène Melchior de Vogüé, note dans son journal :

> « Je pense à ce pauvre homme, faible et bon, qui vient de disparaître si tragiquement dans le sang, dans la honte de ce crime. Avoir émancipé cinquante millions d'hommes d'une parole, et mourir ainsi, comme un fauve traqué dans sa capitale : ironie de l'histoire, jugements secrets d'en haut. Quelle nuit pour celui qui va ramasser dans ce sang la couronne de Monomaque. »

Le 7 mars, ce jeune diplomate assiste aux cérémonies des obsèques impériales et au transfert du corps à la forteresse.

> « Dans toute cette longue parade, de 11 heures du matin à 15 heures, pas un détail vraiment grand ou vraiment touchant ; une mauvaise figuration d'opéra, avec un archaïsme qui chasse jusqu'à la possibilité de la douleur ou du recueillement. Ces hérauts, ces hommes d'armes en cuirasse dorée, ces écussons, ces ordres et ces couronnes portés par des fonctionnaires de la 8e classe, tout cela est trop loin des habitudes modernes pour être associé à une douleur présente, réelle. Et pas de peuple derrière, grâce aux mesures de police ; le peuple, la seule chose qui eut été vraie. Il est massé au loin, par grandes houles noires silencieuses, la marée qui attend son heure.
>
> « À Saint-Pierre-et-Saint-Paul, des fonctionnaires et des diplomates, ennuyés, attendent durant des heures. Le corps entre, porté par tous ces nombreux et solides gaillards de la famille, une riche moisson encore pour les attentats futurs. Le jeune empereur,

> calme, digne, d'excellente attitude. Les autres, l'air de gens harassés par les corvées du deuil. Le magnifique chant orthodoxe accueille le mort. On dépose sur le dais de drap d'or ce pauvre cadavre haché, déguisé et dissimulé dans les étoffes, les tulles. La mâchoire s'est décrochée durant la route. Autour de ce tronc amputé, les insignes portés par les grands officiers : Chouvalov, le malheureux négociateur de Berlin, tient le glaive de Russie ; Valouev porte avec conviction la lourde couronne de Monomaque. Après la cérémonie, chacun va embrasser le cercueil ; quelques femmes, y compris la mienne, pleurent, mais rien de touchant, trop d'agitations, de distractions, de cancans dans l'église. Un seul épisode touchant, le dernier : après le départ de la famille impériale, la malheureuse veuve se traîne sur les gradins, soutenue par le général Rehbinder ; elle est anéantie, embrasse le corps et s'écroule ; nous sommes empoignés cette fois par la détresse inouïe de cette abandonnée qui a touché un moment aux marches du trône et retombe dans le fond de l'abîme[127]. »

Quelques jours plus tard, Catherine Dolgorouki, princesse Yourievsky, quittera la Russie pour n'y jamais revenir. Elle mourra à Nice, le 15 février 1922, oubliée de tous.

---

127. Vicomte E. M. de Vogüé, *Spectacles contemporains*, Paris, 1891.

ÉPILOGUE

Les terroristes ont réussi leur entreprise meurtrière. Le souverain qui a imposé la « révolution d'en haut » est assassiné. La mort violente du « Tsar libérateur » marque le succès de deux forces antagonistes : la bureaucratie qui renâcle à appliquer les réformes et l'*intelligentsia* radicale qui veut en finir avec le « vieux monde ». De part et d'autre, selon Marc Raeff, « on ne souhaitait pas que la société se développât organiquement, par suite d'un accroissement de la production et du bien-être matériel ». Pour l'historien américain, « le motif profond de cette alliance inconsciente » se logeait dans la crainte de la « grande inconnue », la crainte du peuple[128].

L'assassinat du tsar n'entraîne pas le soulèvement populaire que les terroristes attendent. Le régicide suscite l'horreur dans le peuple qui vénère son « tsar-batiouchka », le petit-père, et une profonde répulsion à l'égard des révolutionnaires « éclairés ».

Les aveux complets de l'un des conjurés permettent aux autorités de procéder le jour même à l'arrestation de Sophie Perovskaïa et de plusieurs complices. Aussitôt Jeliabov demande à être jugé au côté de sa compagne. Au cours de son procès, comme Karakozov au pied de l'échafaud, il prononce quelques mots emplis de spiritualité :

128. Mark Raev, *Ponjat'dorevoljucionnuju rossiju, gosudarstvo i obscestvo v rossijskoj imperii*, Londres, 1990.

> « Sans être orthodoxe, je reconnais le sens des enseignements du Christ ; tout chrétien véritable doit combattre pour le droit des opprimés et des faibles, et s'il en est besoin, souffrir pour eux, telle est ma foi. »

Le procès des vingt membres du comité exécutif de la « Volonté du Peuple » et des principaux militants de l'organisation se conclut par dix condamnations à la peine capitale. Cette sentence engendre la compassion de l'Occident envers les terroristes. Le plus célèbre écrivain de l'époque, Victor Hugo, adresse un avertissement aux dirigeants et aux peuples du monde :

> « Que le gouvernement de Russie prenne garde... Il n'est menacé par aucune force politique. Mais il doit craindre le premier venu, chaque passant, la moindre voix réclamant miséricorde. »

Ainsi, Victor Hugo ne décèle pas une « force politique » dans les bombes des terroristes. Et pourtant ses arguments parviennent à infléchir le jugement de l'héritier : Alexandre III gracie neuf des dix condamnés à mort.

Le 24 mars, le nouvel empereur quitte la capitale pour s'installer à Gattchina, austère château des environs de Saint-Pétersbourg. Dès lors, il se coupe de son peuple. Enfermé dans ses appartements, il consacre des heures entières à la lecture des journaux, reçoit séparément ses ministres, écoute en silence leurs comptes rendus. Dans sa perplexité, il s'en remet à son ancien professeur, le Haut-Procureur du Saint-Synode, Pobiedonostsev, un conservateur peu indulgent à l'égard du règne précédent. Selon lui, un régime constitutionnel entraînerait la mort de la Russie.

Au cours des journées suivant l'assassinat d'Alexandre II, tous les ministres à tendance libérale, Loris-Melikov en tête, offrent leur démission. L'homme de la « dictature du cœur » s'en retourne dans son Caucase natal. Il s'établira plus tard sur la Côte d'Azur où il mourra à l'âge de 63 ans.

Le nouveau souverain, sous l'influence de Pobiedonostsev, prend quelques distances avec les dernières volontés de son prédécesseur. Pour autant, il ne renie pas la mémoire d'un père qu'il a toujours respecté et aimé. Sur le quai du canal Catherine, à l'endroit où Alexandre II a été frappé par ses assassins, il fait ériger une immense église vouée au « Christ sur le sang ».

Après la révolution d'Octobre, ce lieu saint sera désaffecté. Au pied de la porte d'entrée, condamnée à ne plus s'ouvrir à la dévotion des fidèles, des mains anonymes déposeront chaque jour de petits bouquets de fleurs, pieuses intentions au souvenir du « Tsar libérateur ».

REMERCIEMENTS

Mes remerciements vont d'abord à Françoise Beroud, contrainte, durant de nombreux mois, au silence et à l'isolement. Je lui dois beaucoup.

Ils vont ensuite à mon éditeur, François-Xavier de Guibert, qui, depuis mon entrée tardive en littérature, accompagne chacun de mes projets ;

à l'Institut d'études slaves, et en particulier à Maria Lefèvre qui a mis à ma disposition une documentation riche et abondante, sans laquelle ce livre n'aurait jamais vu le jour ;

à ma première lectrice, Aline Grisolle, pour son précieux travail de relecture.

TABLE DES MATIÈRES

Avant-propos 11

I
La condition paysanne à l'avènement d'Alexandre II 17

Un lourd héritage 17
Un tempérament velléitaire 22
Les origines du servage en Russie 27
L'apogée du servage 32
Chroniques familiales 37
L'appauvrissement des nobles 40
Le moujik, ce héros 42
La littérature au secours du moujik 45
Premières salves révolutionnaires 50

II
La libération d'en haut 57

Un nouvel état d'esprit 57
À la recherche d'un compromis 62
L'acte d'émancipation des serfs 69
La commune villageoise préservée 75
Un statut particulier pour la paysannerie 78
Autres réformes 81

III
Un mécontentement général 85
Beaucoup d'amertume 85
Un pouvoir sans direction 90
Une société en quête de repères 92
Une fièvre intellectuelle 96
Un empereur désabusé 99

IV
Tchernychevski, l'idéologue de la révolution 107
Une vocation révolutionnaire 107
Une critique impitoyable du servage 110
Apologie de l'obchtchina 113
L'entente, une impérieuse nécessité 117
Le libéralisme, voilà l'ennemi 118
La lutte des classes 124
La théorie des travailleurs 127
Une proclamation incendiaire 131
Que faire ? 134
Prolog 138
Une influence durable 140

V
Vers le régicide 145
« La Jeune Russie » 145
De mauvais pressentiments 149
L'attentat de Karakosov 154
L'aller au peuple 160
Montée de la terreur révolutionnaire 165
La Volonté du Peuple 173

La dictature du cœur 178
Une fin tragique dans le sang.. 180

Épilogue.. 191

Remerciements.. 195

Achevé d'imprimer le 21 novembre 2016
sur les presses de
La Manufacture - Imprimeur – 52200 Langres
Tél. : (33) 325 845 892

N° imprimeur : 161147 - Dépôt légal : mars 2015
Imprimé en France